現場のプロがやさしく書いた

自治体の
滞納
整理術

岡元譲史

JN039321

学陽書房

はじめに

「えっ、滞納整理担当⁉　取り立て人になるってこと⁉」

　配属や人事異動の結果、思いもよらず滞納整理を担当することが決まったみなさん。「さぁ、滞納者からお金を徴収してください！」と言われ、さぞ困惑されているのではないでしょうか。

「滞納整理担当者かぁ。できればなりたくなかったな……」
「人からお金を取る仕事なんて、絶対、私に向いていない……」

　そう思ってしまうのも無理はありません。
　特に、「誰かを笑顔にしたい」「人の役に立ちたい」という優しい気持ちで公務員を目指した方、仕事に取り組んできた方にとっては、「人から奪う」「人を傷つける」といったイメージの強い滞納整理の仕事に対して前向きになれないのが正直なところだと思います。

　何を隠そう、かくいう私自身も最初はそうでした。
　新卒1年目で保育料の滞納整理担当に配属。知識も経験も自信もなく、滞納者に泣かれたり、罵声を浴びせられたりしても、ただただ頭を下げて「払ってください」とお願いするばかり。滞納整理の仕事についてからしばらくは、辞めることばかり考えていました。
　「なんとか、この苦しい状況から抜け出したい！」と思った私は、独学で心理学や傾聴などのカウンセリング技術を学び始めました。また、庁内外の滞納整理のプロである先輩職員に教えを請い、最初の頃は考えられなかった、差押えや裁判所の活用といった手法を身につけていきました。こうして、学び、実践を重ねる中で、滞納整理への苦手意

識はなくなり、同時に窓口等でのトラブルも少なくなっていきました。

　結果として、一時は仕事を辞めようとしていた私が、今では北海道から沖縄まで全国で研修を行い、こうして本まで書いているわけです。「人は変われる」ということと「滞納整理の仕事にはそれだけの価値がある」ということがご理解いただけると思います。

　本書には地方税から私債権まで、さまざまな債権を徴収してきた私が現場で培った滞納整理ノウハウをすべて盛り込みました。
　トラブルになりにくい滞納者対応といった技術面から、**厳しい処分に躊躇しない心構え**などの精神面まで、幅広く項目を設けているのが大きな特徴です。
　自治体の規模や債権の種類、経験年数の多寡を問わず、すべての滞納整理担当者にとって役立つ内容とすべく工夫を凝らしました。

　「滞納整理」はお金を徴収するという仕事の性質上、滞納者から嫌われ、煙たがられるのが常です。感謝されることもほとんどありません。しかしながら、ほとんどの方が真面目に支払っている以上、滞納が放置されてよいはずがありません。「正直者が馬鹿を見る」、そんな社会はごめんです。滞納整理をする「誰か」が必要なのです。
　私やみなさんは奇遇にも、その「誰か」に選ばれました。今は不安かもしれませんが、安心してください。私をはじめ、不安を乗り越えた仲間が全国にいます。私が本や人とのさまざまな出会いを通じて前向きに変われたように、滞納整理をきっかけとした出会いの連鎖が、みなさんに素晴らしい変化をもたらすことを心から願っています。まずは本書との出会いが、その始まりとなれば幸いです。

2021年4月
岡元譲史

目次

1章 まずはこれだけ！
滞納整理のポイント

2章 これで安心！
「納付折衝」徹底対策

3章 滞納を解消！ あらゆる手段を使いこなそう

4章 今日から使える！
滞納者対応のテクニック

5章 さらにもう一歩！滞納整理の極意

6章 ここが知りたい！実務上のQ&A

※　紙幅や個人情報保護の都合により、本文で紹介する事例は加工されています。

1章

まずはこれだけ！
滞納整理の
ポイント

1 滞納整理って
どんな仕事？

▶ 滞納整理の仕事とは？

　まずは滞納整理の仕事がどんなものかを確認しましょう。

　自治体運営にはお金が必要であり、その財源は住民・企業からの税金、保険料、各種サービス利用料などで賄われています。それらの大半は納期内に納付されますが、中には期限までに納付されず、滞納となってしまう場合があります。この滞納案件に対処するのが滞納整理の仕事です。債権回収・徴収ともいいます。

▶ 滞納整理を行うのは誰？

　自治体において主に滞納整理を行うのは地方税や国民健康保険の滞納整理部門です。しかし税金や保険料以外にも水道料金や学校給食費、保育所保育料など、自治体には支払ってもらうべきお金が多種多様に存在します。それらが滞納になった場合、それぞれ水道局や教育委員会、保育部門などの職員が滞納整理業務に当たります。

　これらの部署では滞納整理だけを担当することは滅多になく、他のさまざまな業務と同時並行でこなしていく必要があります。また、滞納整理業務の担当者はただ一人ということも少なくありません。

▶ 滞納整理業務の基本的な流れを知ろう！

　滞納整理ではどのような業務があるのか、大まかに把握しましょう。全体像が頭に入っていると個々の業務を覚えるのも楽です。

【図表1-1　滞納整理業務の流れ】

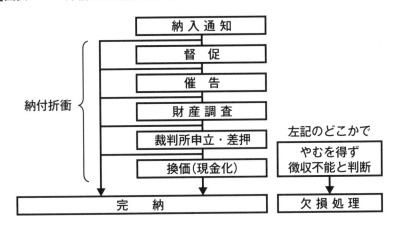

　督促後もなお残る滞納案件について**催告**し、**財産調査**を行い、**裁判所への申立て**や**差押え**を経て、差し押さえた財産を現金化し（**換価**）、滞納金に充てて**完納**へと導く。

　その途中で滞納者からの申し出を受けて納付や差押えを猶予したり、分割納付に応じたりすることもあります。このように納付に向けて滞納者とやり取りすることを**納付折衝**といいます。

　これ以上の徴収が見込めないと判断した場合には、**欠損処理**といって、やむを得ず徴収を諦めることもあります。

✅ Point
滞納整理は自治体運営を財源面で支える大切な仕事。
納期内納付者の気持ちを想像して滞納整理をしよう！

2 徴収する債権の性質を知ろう

● 自治体にはさまざまな「債権」がある

　ここでいう「債権」とは、「金銭を請求できる権利」です。権利の発生原因に応じて、法律上の位置付けや権限が異なります。徴収すべき債権がどこに分類されているかを理解し、それぞれの性質に応じた対策を講じましょう。分類の仕方はさまざまありますが、本書では滞納整理の観点から、以下の通り分類します（**図表1-2**）。

【図表1-2　債権の分類】

公会計	強制徴収債権	公　租	国税、地方税(市町村民税、固定資産税、軽自動車税　等)	公債権
		公　課	国民健康保険料、介護保険料、保育所保育料、生活保護費不正受給返還金、下水道使用料　等	
	非強制徴収債権	非強制徴収公債権	幼稚園保育料、ごみ処理手数料　等	
		私債権(公会計)	水道料金、公営住宅家賃　等	私債権
私会計		私債権(私会計)	学校給食費(自治体の予算外)等	

▶ 「公会計」か、「私会計」か

　まずは、「公会計」か「私会計」か、で分けます。言い換えると、自治体の予算として扱われるか（予算書や決算書に記載されるか）という視点で分類します。

　みなさんが扱う債権のほとんどは「公会計」ですが、校長が学校単位で集めて運用している学校給食費のように「私会計」に分類される債権もあるため、注意してください（給食費が「公会計化」されている自治体もあります）。

▶ 「自力執行権」があるか、ないか

　次に、「自力執行権」の有無で二分されます。**「自力執行権」とは、裁判所に頼ることなく、自ら滞納者の財産を差し押さえたり、強制的に売却したりできる権限**のことです。

　自力執行権がある債権を「強制徴収債権」と呼び、さらに「公租（国税・地方税）」と「公課（国民健康保険料等）」に分けられます。

　自力執行権がない債権を「非強制徴収債権」と呼び、さらに「非強制徴収公債権」と「私債権」に分けられます。

　なお、公法上の原因（納税の義務・公的負担・公共施設の利用等）に基づく「公債権」と、私法上の原因（サービス利用契約・賃貸借契約等）に基づく「私債権」という分け方もあります。

　債権ごとに権限や時効、欠損処理上の留意点などが異なりますので、次項で詳しく説明します。

☑ Point

メーカーの営業担当者が自社製品の性能を熟知するように、滞納整理担当者は扱う債権の性質を熟知しよう。

3 債権の性質によって 天地の差がある

▶ 自力執行権があるとき（強制徴収債権）

　一口に「滞納整理」といっても、債権の性質によって、その難易度には天地の差があります。

　まず強制徴収債権について解説したいと思います。

　一言で表すと、「なんでもできる」。それぐらい強力な権限が与えられています。例を挙げると……

○　調査権があるため金融機関等が財産調査に応じてくれる

○　発見した財産について、自ら差し押さえることができる

○　差し押さえた財産を強制的に売却することができる

○　生命保険契約を強制解約して返戻金を滞納金に充当できる

○　玄関の鍵を強制開錠して捜索（強制調査）することができる

　このように、できないことを探すほうが難しいため、とにかく法律上できることは、すべて取り組んでください。

　困ることが一つだけあるとすれば、強力な権限が与えられるだけに、それを**行使しない場合の説明が難しい**ということ。「隣の市は捜索しているのに、なぜ本市はしないのか？」と議会で質問されたときに、言葉に詰まってしまいますよね。そうならないために、権限がある以上、やるべきことはやりましょう。

● 自力執行権がないとき（非強制徴収債権）

　非強制徴収債権は、「非常に厳しい茨の道」を歩むことになります。特に辛いのは財産調査権がないこと。裁判所を通じて差押えをしようにも、財産の状況がわからないとどうしようもありません。

　私会計に至っては、住民票や戸籍謄本の取得もできないため、転出先さえ確認できません。本当に手も足も出ないのが現実です。

　しかしながら、できないことを嘆き、泣き言ばかり言っても仕方がありません。本書は非強制徴収債権の滞納整理についても全力でサポートします。一緒に頑張りましょう！

【図表1-3　債権の性質による違い】

債権の分類	公　租　公　課		非強制徴収公債権	私債権（公会計）	私債権（私会計）
自力執行権	あ　る		な　い		
財産調査	調査権あり（捜索も可能）		調査権なし（ただし、住民票の写しや戸籍謄本の取得は可能）		調査権なし
差押え	自ら執行可能		裁判所を通じて行う		
時　効	2年又は5年		1～10年※　民法改正前後で異なる		
債権放棄	不　要（時効期間経過で債権消滅）		必　要（時効の援用がない限り債権存続）		

☑ Point

　強制徴収債権は、議会や市民への説明責任を果たせるように。
　非強制徴収債権は、民間債権回収会社の取組みも参考になる。

4 滞納整理の本質は「完納」か「欠損」の二択

▶ 滞納整理を一言で表すと？

ずばり、滞納整理を一言で表すと、

「滞納案件を完納に導くか、徴収不能と判断して欠損処理するかのシンプルな二択」となります。

完納とは滞納分をすべて支払ってもらうこと。欠損処理とは、会計上その存在を消してしまう。つまり、徴収することを完全に諦めるということです。

滞納整理業務は、各種法律をはじめ、さまざまな知識を身につける必要があり、差押えや訴訟といった心理的なハードルの高い業務もあるため、複雑かつ難解に捉えられがちです。しかしながら、突き詰めるとこの二択に集約されます。

難しく考えずに、「滞納整理って、意外とシンプルなんだな」と捉えてください。

▶ 滞納整理の３つの要点

みなさんはきっと、これから何度となく担当する滞納案件について「完納か、欠損か」の二択の問いに答えていくことになると思いますが、その際に押さえていただきたい要点は次の３つです。

① 法律や判例に反していないこと
② 完納に導く割合を高めること
③ 早期に対応すること

　文字だけ見ると当たり前のように思えますが、日々の仕事に追われ、複雑な滞納案件を目の前にすると忘れてしまいがちです。滞納整理に迷った時は、一度シンプルな本質や要点に立ち返って考えてみましょう。

　これらの要点については本書においても繰り返し説明しますので、ご自身に沁み込ませてください。

▶ 二択の問いに答え続けよう

　正直に申し上げると、私自身は「完納か、欠損か」の二択に対して「不正解」を繰り返してきたように思います。新人時代を振り返ると、「あの時、ああしておけばよかった」「当時の自分にもっと知識があれば、あの人を必要以上に苦しませずに納期内納付者へと導くことができたのに」などと後悔、反省することばかり。

　ただ、そんな私でも二択の問いに答え続けることで知識と経験が積み重なり、だんだんと自分なりに「最適解」と思える結果を導き出せるようになっていきました。

　みなさんも、最初はうまくいかなくて歯がゆく感じることも多いと思いますが、要点を押さえて二択の問いに一生懸命取り組んでいくことで、自然と成長していきますので安心してください。

✅ Point

滞納整理では要点を押さえて経験を積むことが大事。
次第に自然と自分なりの「最適解」を導き出せるようになる！

5 滞納整理の前に「心」を整理しよう

● 「人から笑顔を奪う」葛藤に悩むあなたへ

「最初から前向きに滞納整理に取り組める自治体職員は少ない」
というのが、私の持論です。面接試験で志望動機を聞かれて「税金
を徴収しまくりたいからです！」とは、答えませんよね？

自治体職員はその大半が「誰かの役に立ちたい」「人を笑顔にし
たい」といった、いうなれば「与える」系の方ではないでしょうか。

一方、滞納整理は「奪う」仕事です。いくら「納期内納付者が報
われる社会に」と、大義名分を掲げたところで、滞納者からすれば
滞納整理担当者は「大切な財産を奪う憎き敵」でしかありません。

役割を果たすためにやむを得ず行った厳しい処分に対して、怒り、
涙し、「死ねということか！」といった感情をぶつけてくる滞納者
を目の当たりにしたとき、みなさんはきっと、このように感じると
思います。「私は、誰かの笑顔を奪いたくて自治体職員になったわ
けじゃない」。

この葛藤を乗り越えられるかどうかが、滞納整理の成果を大きく
左右するのですが、法律のどこを見ても「葛藤の乗り越え方」は規
定されていません。しかしながら、人間は感情の生き物ですから、
どれだけ頭で滞納整理の重要性を理解していても、心がそれを拒め
ば、前に進めないのです。例えるなら、車のサイドブレーキを外さ

ないままにアクセルを踏んでいるようなもので、そんな状態を続けていたら、前に進まないばかりか、いつか壊れてしまいます。

　したがって、私は滞納を整理する前に、まずみなさん自身の「心」を整理しておく必要があると考えています。

▶ 心のサイドブレーキをはずしてあげよう

「滞納整理は、川を綺麗にする仕事である」

　これが、私が新人時代、この葛藤に正面から向き合い、もがき苦しんだ末に辿りついた自分なりの答えです。

　滞納者の人生を「川」に例えるなら、滞納は「淀み」です。私たち滞納整理担当者の仕事は、この淀みを取り除き、川が綺麗に流れるようにすること。そんな風に捉えてみてはいかがでしょうか。

　すぐに成果が出なくても愚直に淀みを取り除くことを続けていけば、必ず結果は後からついてきます。そして、徐々に綺麗な川が増えていくにつれ、まち全体にも変化が現れます。「綺麗な川のほうが、気持ちがいい」と、自ら川を綺麗にする人が増え、良い循環へと繋がっていく……

　いかがですか？　**すべての物事は多面体で、どの角度から見るかによって180度、見え方が変わります**。滞納整理を「やればやるほど、人から笑顔を奪うつらい仕事」から「やればやるほど淀みがなくなり、川が綺麗になる素晴らしい仕事」へと変換して、まずは、みなさんの心のサイドブレーキをそっとはずすことから始めましょう。

☑ Point
　滞納整理は人の役に立つ仕事。
　仕事の良い側面に注目すると、前向きに業務に取り組める。

あなたも「情熱大陸」の主人公

　私は、「言葉」には人を支え、勇気づける力があると信じています。実際、私自身も仕事で辛い時などに偉人達が残した名言に励まされてここまで来ました。

　そこで、私もこれまでの経験を踏まえ、滞納整理の現場で奮闘するみなさんを勇気づけるような言葉をいくつか考えてみました。

　各章末のコラムではその中から一つを選び、詳しく解説したり、その言葉にまつわるエピソードを紹介したりします。

　まず、最初の言葉は……

あなたも「情熱大陸」の主人公

　「情熱大陸」といえば、特定のプロジェクトや人に焦点を当てる有名なドキュメンタリー番組ですが、もしもみなさん自身や、みなさんが取り組んでいる滞納整理業務が取り上げられるとしたらどんな内容になるでしょうか？　そんな視点を持って、自分自身や仕事を見直してみましょう。

　そうすると、例えば滞納者が窓口に怒鳴りこんできた時や捜索でトラブルが発生した時、裁判所の法廷に立つ時など、さまざまなシーンが「ピンチ」ではなく「見せ場」や「山場」になります。最初は未熟だったあなた（主人公）が、さまざまな苦難を乗り越え、成長していく過程は視聴者の共感を呼び、チームで定めた目標を達成するクライマックスシーンに至っては、涙なしでは見られません。

　これからいろいろな経験をすることになると思いますが、その度に番組のテーマソングを口ずさみながら、乗り越えていってください。

2章

これで安心！
「納付折衝」
徹底対策

1 納付折衝の基本の型を マスターしよう

▶ 「型」を土台に、十人十色の納付折衝を

　２章のテーマは「納付折衝」。納付折衝とは、滞納整理担当者と滞納者とが窓口や電話で相反する主張（すぐに払ってください vs 払えません）に、折り合いをつけるために行われるもので、滞納整理業務における不安の大半の原因は、この納付折衝にあると言っても過言ではありません。

　逆に言うと、ここをクリアできれば、ある程度安心して滞納整理に取り組めるということです。しっかりと対策していきましょう。

　なお、滞納整理担当者・滞納者はそれぞれ、年齢・性別・外見・考え方・話し方など十人十色です。また、滞納者の課題や経済状況も千差万別であるため、納付折衝の進め方に「絶対的な正解」はありません。

　ただ、その理解を大前提とした上で、まずは一つの進め方を「型（かた）」として土台にしたほうが効率的に経験を積み重ねやすく成長が早いのではないかと考え、「岡元式納付折衝」なるものを考案しました（**図表２-１**）。

　各項目の詳細な内容は次項以降で説明していきます。

　基本の「型」をマスターし、各自の強みや特性に応じたアレンジを加えていくことで、みなさん自身の「型」が出来上がっていきます。ぜひ、独自の「型」を追求してみてください。

【図表2-1 「岡元式納付折衝」の流れ】

挨 拶	おはようございます。 本日はお時間を取っていただき、ありがとうございます。
本人確認	本日、お越しいただいているのはご本人様でよろしいですか?
滞納状況確認	現在の滞納額は○○円です。 ご自身の認識と違いはありませんか?
一括納付要求	納期が過ぎているものは、原則として一括納付をお願いしています。厳しいと思いますが、ご検討いただけませんか?

OK　　　NG

収支状況 確認	どのようなご事情で納付できないのか、詳しくお聞かせ願えますか? 何かお力になれるかもしれません。
納付計画 検討	一日も早く、完納できるようにご検討ください。 原則、財産は差押えの対象となりますのでご承知おきください。 給与差押をした場合、月々○万円の差押えとなります。分割納付額を考える際の判断材料の一つとしてください。
納付計画決定 誓約書提出	
滞納に伴う 不利益の説明	滞納がある限り、督促や催告書が届きます。財産調査もされます。また、計画不履行や、本日確認したもの以外の財産が見つかった場合は、事前の連絡なく差押えをいたします。
お 礼	滞納としっかり向き合ってくださってありがとうございます。 立場上、厳しいことを言いましたが、ご容赦ください。 お身体に気を付けて、頑張ってくださいね。

✅ Point

納付折衝の上達に必要なのは、「場数」。
基本の型を押さえたら、恐れずに数をこなそう。

2 「挨拶」と「確認」で 納付折衝に死角なし

▶ 「挨拶」で余裕を見せ、場の主導権を握る

　岡元式納付折衝（**図表2-1**）のうち、冒頭部分に当たるのが「挨拶」「本人確認」「滞納状況確認」です。

　納付折衝において一番大切なのは、心身ともに余裕があることです。余裕の有無は、納付折衝の結果を大きく左右します。

　私も新人の頃は本当に余裕がなく、失敗を重ねていました。相手とまともに目も合わせず、着座するなり「はい。○○さんですね。滞納額は……」と用件から始めてしまい、余裕のなさを全身で体現していました。結果ですか？　もちろん、散々でしたよ……。

　心の余裕を端的に表すものとして「挨拶」があります。「○○様、おはようございます」「本日はお時間を取っていただきまして、ありがとうございます」。このように相手を気遣う挨拶や感謝の言葉がけは、心に余裕がなければできません。まずは、挨拶で余裕を見せ、場の主導権を握る。最初が肝心です。

　また、「身体の余裕」の例として「こまめにトイレに行っておく」ことを挙げておきます。急に滞納者が窓口に来て真剣な話をしているときに、「ちょっとトイレに……」とは言いにくい。そして、ずっと尿意を我慢しながらでは、パフォーマンスも下がりますから。

▶ 負けないための2つの「確認」

　納付折衝においては、油断すると負ける（＝訴訟で敗訴になったり、不本意に謝罪したりする必要に迫られる）可能性があります。この可能性に、2つの「確認」で対応しましょう。

　1つ目は、**本人確認**。

　まずは私の苦い経験をお伝えします。まだ新人だったある日、窓口に男性が現れ、「Ａ（滞納者名）の滞納額を確認したい」と言われました。そこで滞納明細を印刷・提示して滞納額を伝えたところ、「僕はＡの代わりに話をしに来た弟です」と言われ、青ざめたことがあります。たとえ家族や親族といえども、滞納の事実や滞納額は非常にセンシティブな個人情報であるため、漏えいは禁物。この場合、「個人情報の漏えい」で訴えられたら、敗訴の可能性があります。ですからみなさん、必ず「本人確認」を行ってください。

　2つ目は**正確な滞納状況の確認**。

　ここを怠り、実際より少ない金額を誤って提示した場合、「やはり総額はこちらでした」と訂正したときに、不要なトラブルを生むことになるので注意が必要です。特に、システムの都合により別番号で管理されている共有名義不動産の固定資産税などは、意識しておかないと見過ごしてしまいがちですので、気を付けてください。

　納付折衝のはじめにこれらの「確認」を行っておくことで、万が一の「敗訴」や不本意な謝罪、後々のトラブルに繋がる可能性を潰しておくことができます。面倒かもしれませんが、「予防」の観点からひと手間かけましょう。

☑ Point
実際には余裕がなくてもそう振る舞うことが大事。
滞納者に「自信がありそう」と感じさせ、主導権を握る！

3 必ず「一括納付」を要求する

▶ 要求通り一括納付する人が現れる

滞納者には、必ず一括納付を要求します。たいていの場合は、「一括納付できるなら、そもそも滞納なんかしていない」と言われますが、そんなこと、百も承知です。それでもなお、一括納付を要求すべき3つの理由を説明します。

まず一つ目。信じられないかもしれませんが、**「一括納付してください」と伝えると、本当に一括納付をする滞納者が一定数います。**

「今までそんなことを言われたことがなかった」「前任の担当者が、最初から分割納付を提示してきたから、甘えて分納していた」というのが彼らの言い分。この場合、「滞納しているのだから、一括納付はできないだろう」という担当者の勝手な思い込みが、滞納者を生み出しているといっても過言ではありません。

▶ 納期内納付者の代弁者として役割を果たす

我々が徴収する債権については大半の方が納期内に納付しています。滞納整理担当者は、そうした納期内納付者の声なき声を代弁する存在でなくてはいけません。したがって、**納期限が過ぎているものについては、当然に一括納付を求める。**これが正解。逆に言うと、

これ以外の選択肢はありません。こちらから「何回だったら払えますか？」と分割納付を持ちかけるのは間違っています。

　ただし、「支払って当然」と偉そうな態度で迫るのではなく、あくまでも丁寧かつ対等に「さまざまなご事情はおありでしょうが、一括納付をお願いします」と伝えましょう。

　なお、滞納者が言葉を失い、嫌な沈黙が流れることがありますが、「どうすれば一括納付できるか」を真剣に考えている場合もあるので、その沈黙には耐え、滞納者の答えを待ってください。

▶ 収支状況等の聞き取り調査に繋げやすい

　一括納付できない滞納者を納期内納付者へと導くためには、現状把握が必要不可欠です。月々の収支状況、資産・借金の有無や家族構成などを丁寧に確認した上で、完納して納期内納付者になるまでの道筋（納付計画）を共に考える。遠回りに思えますが、再発防止も含め、結局はこれが最短ルートです。

　しかしながら、いきなり「あなたの収支状況等を教えてください」と伝えると、「なぜ、そんなことを教えないといけないのか」と反発されてしまいます。そこでまず一括納付を求め、「それは難しい」と滞納者に言わせてから、「じゃあ、なぜ一括納付が難しいのか、月々の収支状況を聞かせてもらえませんか？」と繋げましょう。

　同じ要求でも、大きな要求の後にしたほうが通りやすいという心理学的なテクニック（ドア・イン・ザ・フェイス）を利用してスムーズに収支状況を確認していきます。

☑ Point

苦しくても納めてくれている人達の気持ちを想像して、
勇気を出して一括納付を要求しよう。

4 「収支状況申立書」で問題を可視化する

▶ 納期内納付を目指すためのスタートライン

一括納付を要求した後に行うのは「収支状況確認」です。収支状況申立書に記載してもらい（又は聞き取りを行い）、滞納者の現状と課題を把握します。収支状況を書かせるメリットは、主に2つ。

① **お金の流れ（フロー）と資産（ストック）を可視化**

② **改善すべき課題を把握し、納期内納付者への道筋をつける**

そもそも、税金や国民健康保険料等は、法律上「負担できる範囲」で賦課されているはずです。負担できない（＝滞納する）のには必ず理由があるはずで、その原因を正確に把握することが、ゴールである納期内納付者を目指すにあたってのスタートラインです。

借金をしていたり、住宅ローンが高額だったり、前年の収入が今年の地方税等に影響することを知らなかったりと滞納の原因は人によって本当にさまざまです。これら滞納者が抱える課題について根本の部分から理解し、解決することが後々の再発防止にも繋がるため、丁寧に聞き取りましょう。なお、聞き取り内容はシステムに入力して同僚や後任と共有することで、こちらの対応が統一できます。

また、この際に滞納者の課題を解決するための知識・手法（家計管理や借金の債務整理方法、無料で代替可能な公的サービスなど）をどれだけ提供できるかも、こちらの力量が問われるところです。

【図表2-2 収支状況申立書の記入例】

収支状況に関する申立書兼金融機関等への調査同意書

○○年○○月○○日現在の私の収支状況は以下の通りであり、滞納時の一括納付が困難です。

収入

項　目		金　額	備　考
給与（月収）	本人	210,000円	手取り
	配偶者	70,000円	
賞与（ボーナス）	本人	0	
	配偶者	0	
その他収入		15,000円/月	児童手当等
収入合計		295,000円	

支出

項　目	金　額	備　考
住　居　費	120,000円	家賃・住宅ローン等
水道光熱費	8,000円	水道・電気・ガス等
携　帯　電　話	30,000円	夫婦
その他情報通信費	0	固定電話・新聞等
税　金	80,000円/年	固定資産税等
保　育　費　用	40,000円	オムツ・ミルク・保育料等
学費・教育費	0	学費・授業料・学童保育 教材費・給食費等
保　険	10,000円	
車　両　費	0円	車ローン・駐車場代等
借入金(毎月返済額)	20,000円	1社／総残額24万円
食　費	50,000円	外食費含む
そ　の　他	30,000円	
支　出　合　計	308,000円＋80,000円/年	

収　入　合　計	295,000円	
支　出　合　計	308,000円	
差　　　引	▲13,000円	

（申立者）

住　所： ○○町○-○

氏　名： ○　○　○　○

連絡先： 090-1234-5678

所有財産

預貯金口座	4 件
不　動　産	マンション1戸
二輪車・自動車	0 台
保　険　契　約	1 件
株式・債券	0 件
その他財産	なし

※詳細は裏面に記載

備考・補足

（聞き取り）
- 本人・妻・子 3人家族
- 住宅ローン負担大
- 職を失った際に借りたカードローンの返済が約1年
- 保険解約返戻金要確認
- 長期なら不動産差押検討

※上記内容を確認するため、○○市の職員が官公庁や金融機関に対し、私の財産の有無を照会することに同意します。
※滞納がある限り、分割納付をしていても督促、催告、財産調査等がなされることを理解します。

☑ Point

上から高圧的ではなく、下から媚びることもなく、
フラットな姿勢でテンポ良く聞き取ること。

5 短期間の「納付計画」で 一日も早く滞納を解消する

▶ 滞納者自身に納付計画を考えてもらう

現状と課題を踏まえた上で、「納付計画」を検討します。

ここでのキーワードは**性弱説**。「人間は生来弱い生き物なので、どうしても易きに流れてしまう」という考え方です。

例えば、滞納者が「頑張れば3か月で支払える」と考えているときに、こちらから「1年なら払えますか？」と提案したら、当然、「じゃあ、1年で」となるでしょう。これでは、滞納整理担当者自身が滞納者を生み出しているに等しいですよね。

納付計画は、滞納者に考えてもらう。これが鉄則です。「滞納」は、あくまで滞納者自身の問題ですから。

▶ 原則を押さえた分割納付対応

法律上、滞納整理担当者は原則として「滞納者の財産を差し押える」か「訴訟手続」をしなければなりません（**図表2-3**）。したがって、納付折衝時においても、「財産があれば原則として差し押さえなければならない」などと伝えます。

実際は、滞納者の意向を汲んで法律によらない任意の分割納付で対応することも少なくありませんが、この場合の滞納案件の法律上

の位置付けは、「差押え・訴訟手続をしなければならない対象」で
しかないことに留意してください。

　このように事務処理上の効率を考えて便宜的な対応をせざるを得
ない状況であっても、原理原則はしっかりと理解しておきましょう。

【図表2-3　差押え・訴訟手続の根拠規定】

債権種別	根　　拠	規定内容（一部抜粋）
強制 徴収債権	地方税法 331条等	滞納者が次の各号の一に該当するときは、市町村の徴税吏員は、滞納者の財産を差し押えなければならない。 一　督促状を発した日から起算して10日を経過した日までにその督促に係る市町村民税に係る地方団体の徴収金を完納しないとき
非強制 徴収債権	地方自治法 施行令 171条の2	督促をした後相当の期間を経過してもなお履行されないときは、次の各号に掲げる措置をとらなければならない。 三　訴訟手続により履行を請求

▶ どうしても長期になる場合は、再考を促す

　1年を超えるような長期計画が提示された場合は再考を求めて、
1～3か月後に再度来庁いただくことも必要です。

　この場合、給与差押時の差押可能額や次項で示す滞納に伴う不利
益など判断材料となる情報をお伝えし、より短期間で完納できる計
画を考えてきてもらうよう促します。その間、こちらも財産調査を行
い、判断材料を集めておくことで、より納付計画の精度が上がります。

☑ Point

滞納者自身が考えた納付計画は履行される可能性が高い。
短期間で完納する計画を、滞納者自身に立ててもらう。

6 「感謝」「労い」と「不利益」の サンドイッチで動機付けを

▶ 滞納の不利益を伝えて納付に導く

　人の動機には主に２種類あります。まず一つ目が、「**快の追求**」。もう一つが、「**不快の回避**」です。

　滞納整理におけるメインの動機付けは、もちろん後者。私も長年、滞納整理の現場にいましたが、「納税最高だよ！」という市民の方にお会いしたことがありません。残念ながら、「滞納したら差押え・捜索されるらしい」といった、不快な状態を避けることが滞納者の主な動機になるかと思います。

　したがって、納付折衝の場においては、**滞納に伴う不利益を詳細かつ具体的に伝えることで、「一日も早く完納しよう」という動機付けにしてもらうこと**が有効です。例えば以下のような内容です。

- ○ 滞納がある限り、督促状や催告書が届く
- ○ 一日一日、刻々と延滞金が増えていく
- ○ 勤務先や取引先に照会が届き、信用を損なう恐れがある
- ○ 調査の結果、財産が見つかれば事前連絡なく差押えとなる
- ○ 差押え後は原則として解除されず、完納するか換価（取立てや強制売却）されるかの二択を迫られる
- ○ 貸付金等で保証人がいる場合、保証人に連絡がいく
- ○ 介護保険サービスの自己負担割合が高くなってしまう

▶ 「不快」を伝えるのも滞納者への優しさ

公務員には優しい方が多いので、「不利益を伝えて、『不快の回避』を動機付けにしてもらおう」などと言うと、「市民に不快を、なんてとんでもない！」と思う方もいるかもしれません。

しかしながら、滞納になってもいいことは一つもありません。滞納の状態から一日も早く脱してもらうにあたって、「不快」が一つの動機になるのであれば、避けるべき「不快」な状態を伝えることは、ある意味、優しさといえるのではないでしょうか。

▶ サンドイッチ話法で要求をソフトに伝える

納付折衝の最後は、「感謝」や「労い」で終えます。

「サンドイッチ話法」をご存知でしょうか。会話の最初と最後の部分を、パンのように柔らかい言葉で包むことで、話の中身の刺激をやわらげ、受け入れてもらいやすくする、というテクニックです。

納付折衝においては、「一括納付の要求」や「滞納に伴う不利益」など、滞納者にとって耳の痛いことや厳しい内容を伝えざるを得ません。そうした刺激の強い中身を受け入れてもらうためにも、冒頭では「**貴重なお時間を割いていただき、ありがとうございます**」と、相手に敬意を払う挨拶をして、最後には「**立場上、いろいろと厳しいことも言いましたが、お身体に気を付けて頑張ってくださいね**」と、労いの言葉をかけましょう。

☑ Point

滞納に伴う不利益を説明し、「早く完納しよう」と思わせる。
話の冒頭と終わりには、相手に敬意や感謝を示す言葉を。

7 納付折衝の成功率を 飛躍的に高める一手間

▶ 滞納者を知るための「事前調査」

みなさんはおそらく多数の滞納案件を処理する必要があるため、一部に限られた話にはなりますが、特に重要な案件については「岡元式納付折衝」の前後に一手間加えることをおすすめします。

その一つが、「事前調査」です。事前調査をしておくことで、「不履行時は給与差押をする」といった方針をもって対応できます。

財産調査権の有無によって集められる情報に差はありますが、以下のような準備をするとよいでしょう。

【全債権共通（公会計・私会計）】

- ○ 自部署・組織における過去の対応履歴や収集した情報
- ○ 前任者や過去に対応したことのある人に話を聴く
- ○ インターネット上で氏名を検索し、SNS等での発信を確認
  - ※ 同姓同名に注意
- ○ 住所地の登記簿謄本を取得。持ち家か賃貸かを把握
  - ※ 私会計は手数料が必要。公会計は手数料不要（公用取得）

【公会計（強制徴収債権・非強制徴収債権）】

- ○ 住民票の写しや戸籍謄本を公用取得し、家族構成を把握

【強制徴収債権のみ（調査権を活用）】

- ○ 昨年の所得（税務システムに登録あり）

- ○ 所有不動産・軽自動車（税務システムに登録あり）
- ○ 勤務先（税務システムに登録あり）
- ○ 取引先（確定申告書に記載されている場合あり）
- ○ 金融機関（児童手当の振込先、水道料の引落先等）
- ○ その他の強制徴収債権担当課が把握している情報すべて

▶ 初回の分割納期限時の「フォロー」が肝心

　分割納付計画を作成した後は、基本的に滞納者が計画通りに履行するのを見守ります。このとき最初が一番肝心です。

　できれば初回の分割納期限の当日又は翌日に電話しましょう。もしも期限に遅れていれば、期限内の履行を促し、履行されていれば、約束を守ったことに感謝を伝え、次回以降も期限内納付を継続するよう伝えます。突然電話することに抵抗がある場合は、納付折衝時に履行確認の電話をする旨を予告しておくとよいでしょう。

　計画を出させたらそれで終わりではなく、「私は、あなたが計画通りに完納して、納期内納付者になるのを見届けたい」という思いが相手に伝わることが、大切です。

　滞納者が納期内納付者になるためには、一定期間、通常負担すべき金額（税金や国民健康保険料等）に加え、滞納解消のための金額を支払うという我慢の時期を乗り越えなければいけません。

　滞納整理担当者は時として、「完納」という名のゴールに向け、一歩ずつ歩みを進める滞納者の伴走者になることも必要です。

☑ Point
たとえ十分な事前調査ができないときでも、
滞納者のお金の流れをイメージしてみることが大事。

8 対応は「ソフト」に、要求は「ハード」に

▶ ケンカが苦手な人向けの納付折衝スタイル

滞納者に負けてはいけない。何を言われても強気で言い返さなければならない。こう思ったことはありませんか。

「そうはいっても、強い姿勢で最後まで押し切るなんて自分には向いていない」という人におすすめなのが、**対応を「ソフト」に、つまり丁寧かつ物腰柔らかにすること**。これが、無益な戦いを省略し、最小限の力で納付折衝の目的を達成することに役立ちます。実はこのスタイル、私自身がある失敗の末に辿りついたものなのです。

そのきっかけは堀博晴さん。東京都在籍中にヤフー株式会社とインターネット公売を開発し、東京都を早期退職して同社に転職。全国の滞納整理担当者の魂に火をつけた方です。

堀さんは新宿歌舞伎町の裏稼業の方を相手にしてもひるまず立ち向かうといった伝説を残された方で、私は堀さんに憧れ、真似した時期がありました。電話や窓口で滞納者に対して強く言い返していくパワースタイル。今思えば、本質を理解せず上っ面だけを真似して成功するわけがないのですが、当時は気付きません。

案の定、最後は「市民に対してそんな態度を取るなんて失礼だ！」と滞納者に詰め寄られ、上司と平謝りをする結果に終わります。そう、私にパワースタイルは「向いていなかった」のです。

「最後まで強い姿勢で押し切れない、ケンカ慣れしていない臆病者の自分が、納付折衝で成果を上げるにはどうしたらいいか？」ということを突き詰めた結果、「態度で揚げ足を取られないように、対応は徹底してソフトにした上で、要求すべきことはハードに要求する」という現在のスタイルに落ち着きました。

　なお、必要以上に厳しくしようとしなくても、これまでお伝えした「岡元式納付折衝」に従えば、内容は自然とハードになります。

▶ 滞納者側の非を明確にするメリットも

　お金がないと、心は荒んでいきます。そこに「支払え」と言われるわけですから、滞納者にとっては傷口に塩を塗られるようなもの。攻撃的になって、声を荒げたくなるのも仕方ありません。

　そうした気持ちを理解し、**一旦は滞納者の主張を批判せず、口を挟まずに相づちを打ちながら最後まで聴く**。そうすることで滞納者の感情が整理され、前向きな話ができる場合もあります。ソフトな対応がクッションとなり、必要以上に争いを長引かせることなく、滞納事案がスムーズに解決できることも少なくありません。

　ソフトな対応は「滞納者側に問題がある」ということを明確にするメリットもあります。こちら側が丁寧に接しているにも関わらず、声を荒げ続けたりするのであれば、相手の非は明確です。録音や複数名での対応といった対策をただちに講じることができます。

☑ Point
丁寧過ぎると慇懃無礼に感じられ、逆効果に。
相手に合わせて適度に調整しよう。

9 滞納者の不当要求には刑法をもって対応する

▶ 対応モードを180度切り替える

　滞納者に敬意を払い、丁寧かつ真摯な対応を心がけた上で、法律上求められる役割を果たす。これは市民のために働く自治体職員として望ましい対応です。

　こちら側がそうした対応をしてもなお、執拗に不当な要求を繰り返したり、暴言を浴びせ続けたりする滞納者については「行政対象暴力」として取り扱い、対応モードを180度切り替えましょう。

　滞納整理における不当要求には、次のようなものが該当します。

○　取引先や勤務先への財産調査をしないことを要求

○　差押禁止要件に該当しないのに、差押えをしないことを要求

○　解除要件に該当しないのに、差押えを解除することを要求

○　負担すべき延滞金を免除することを要求

　これらの要求を通すために、以下のような行為を繰り返す場合、「行政対象暴力案件」とみなして差し支えないでしょう。

○　窓口や応接室に長時間居座る

○　執拗に電話をかけてきたり、電子メールを送ったりしてくる

○　「夜道に気を付けたほうがいいぞ」といった脅迫めいた言葉かけ

○　大声で暴言を浴びせ、机を叩いたり蹴ったりして威圧する

○　「市長を出せ」といった決裁権者の対応を執拗に要求する

▶ 警察への告発を前提に対応する

　行政対象暴力案件に対しては、警察への告発を前提に刑法の知識をもって対応する必要があります。以下に主要な罪名等をまとめたので参考にしてください。なお、犯罪を認知した場合、公務員には告発する義務があります（刑事訴訟法239条2項）。行政対象暴力に対する姿勢を示すためにも、告発すべきです。

　また、日頃から**行政対象暴力案件発生時の対応（録音する、複数人で対応するなど）を組織内で協議**しておき、発生した場合に慌てず対応できるようにしておくことも大切です。

【図表2-4　滞納者の言動に対する刑法上の罪名等】

言動の例	罪　名	根　拠	懲役・罰金
納付折衝時に殴りかかってきた、又は物を投げてきた	傷害罪	204条	15年以下の懲役又は50万円以下の罰金
	暴行罪	208条	2年以下の懲役若しくは30万円以下の罰金又は拘留若しくは科料
机を叩く等の威嚇行為や大声での暴言	脅迫罪	222条1項	2年以下の懲役又は30万円以下の罰金
「お引き取りください」と言っても帰らない	不退去罪	130条	3年以下の懲役又は10万円以下の罰金
捜索時の妨害	公務執行妨害罪	95条1項	3年以下の懲役若しくは禁錮又は50万円以下の罰金
土下座を強要	強要罪	223条1項	3年以下の懲役

☑ Point

各罪の成立には立証が必要。録音や証言確保のためにも、必ず複数人で対応しよう。

失敗や嫌な過去も、武器にすればいい

　個人的な話になりますが、私の両親は、私が小学校低学年の時に離婚しました。そして、父が私を含めた兄弟4人を引き取る形で新しい生活がスタートした折、母が父に内緒で税金等を滞納していたことが発覚。そう、私の家も「滞納世帯」だったのです。

　父が必死で働いてくれたおかげで滞納分も無事に完納し、さしたる不自由もなく生活できてはいましたが、「家にそんなにお金があるわけじゃない」ということは、子どもながらに感じていました。

　「スパイク事件」という、当時を象徴するエピソードがあります。

　中学生の時、サッカー部に所属していた私は、破れたスパイクを自分で縫って使っていました。引け目を感じて、数千円のスパイクを「買ってほしい」と言い出すことができなかったのです。

　顧問の先生は、それがすごく気になっていたのか、試合の応援に来ていた初対面の姉に対して、突然、

　「お姉さん、新しいスパイクを買ってあげてください！」

と声をかけたそうです。姉いわく「大恥をかいた」とのことで、今でも時々、恨み節を聞かされます。

　滞納者に納付をお願いする際に、私自身が「お金がない」ことの辛さ、もどかしさを体験したエピソードを話すことで、「だからこそ一日も早く滞納から脱してほしい」という想いが伝わることもあります。考え方次第で「貧乏だった過去」さえも、武器にすることができるわけです。滞納者を納期内納付者へと導くためならば、使えるものはなんでも使いましょう！

3章

滞納を解消！
あらゆる手段を使いこなそう

1 完納に導くための切り札を手に入れよう

▶ 手強い滞納を解消する手段を増やそう

３章では、「あらゆる手段をつかいこなす」をテーマに、滞納案件解決のための手段を「カード」と呼び、すぐにできることから一定の準備が必要なことまで、多種多様なカードを紹介します。

中には法律上の義務により選択の余地なく使うものもありますが、一連の流れ作業としてなんとなく使うのではなく、効果的な使い方を考えたいところです。

私はよく「手持ちのカードを増やして、滞納案件に応じて使い分けよう」という表現を用いますが、**経験を積めば積むほど、新たな知識を手に入れれば入れるほど、より多くの滞納者を納期内納付者へと導くことができる**ようになっていきます。

初めのうちは一つ覚えるだけで精一杯かもしれませんが、ここで紹介するカードについては、きっと何度も繰り返し経験することになりますから、少しずつ確実に身につけていけば大丈夫です。

▶ 滞納に陥る悪習慣を変えるための基本カード

滞納整理において「お金」の知識が必須であると感じた私は、国家資格であるファイナンシャル・プランニング技能士３級（FP３級）

を取得しました。滞納者の収支状況を確認し、固定費の削減を提案する際などにFP3級の知識が活きてきますし、説得力も生まれます。他にも、消費生活専門相談員の資格は、消費者金融の過払金の問題の解決に役立ちました。

　近年の滞納者の傾向として「たくさんお金があるのに払わない」というよりも、「日々のお金の使い方に問題があり、滞納に陥るような悪習慣が身についている」方が多いと感じています。悪習慣を変えさせることが滞納解消に繋がることも少なくないため、ぜひ、「お金」の知識を身につけることをおすすめします。

▶ チームの相乗効果で滞納整理を解決

　本章では滞納案件を解決する手段について「カード」と表現していますが、この概念を広げると、職員一人ひとりもある意味「カード」と捉えることができます。

　同じ職場に複数の滞納整理担当者がいれば、それぞれの個性・強みを活かして、滞納案件に応じた適切なカードが使えます。滞納整理は個人プレーの要素が強いように思われがちですが、一人ひとりをカードとして捉えると、複数枚組み合わせるチームプレーに変わります。

　ぜひ、自分自身を「最強のカード」にすべく、学びと経験を積み重ねてください。

　常に滞納者を納期内納付者へと導く最短ルートを模索し続ける。そのために必要なカードの数を、少しずつ増やしていきましょう。

☑ Point
成功も失敗も含めたあらゆる経験や知識が、
滞納者を、仲間を、あなたを救う「カード」になる！

2

督促
漏れなく確実に行いたい
最初のアクション

▶ 「しなければならない」督促

　納期限を過ぎてもなお、納付が確認できない方に対して行われる最初のアクションが「督促」です。**督促は、法律上「しなければならない」と規定されています**（図表3-1）。

　一般的な公債権は強制、非強制を問わず地方自治法231条の3第1項の規定により督促しなければならないのですが、市税や国民健

【図表3-1　督促の根拠規定】

債権種別	根　拠	規定内容（一部抜粋）
公債権 （一般）	地方自治法 231条の3 第1項	分担金、使用料、加入金、手数料、過料その他の普通地方公共団体の歳入を納期限までに納付しない者があるときは、普通地方公共団体の長は、期限を指定してこれを<u>督促しなければならない</u>。
市税等	〈個別法〉 地方税法 329条等	納税者が納期限までに市町村民税に係る地方団体の徴収金を完納しない場合においては、市町村の徴税吏員は、納期限後20日以内に、<u>督促状を発しなければならない</u>。
私債権 （公会計）	地方自治法 施行令 171条	普通地方公共団体の長は、債権（地方自治法第231条の3第1項に規定する歳入に係る債権を除く。）について、履行期限までに履行しない者があるときは、期限を指定してこれを<u>督促しなければならない</u>。

※　私会計には督促しなければならない規定はありません。

康保険料といった個別法にも督促の規定がある場合は、そちらの規定が優先されます。

　特に強制徴収債権においては、原則として督促し、不服申立ての機会を与えた後でないと差押えができません。**漏れなく確実に督促状を送達しておきましょう。**

▶ 督促状をいかに減らせるか考えよう

　「督促」には滞納整理の進み具合の指標という側面もあります。滞納整理における理想は100％自主納付であり、督促状が１枚も発行されない状態です。催告や差押えも大切ですが、しょせんは事後対応、対症療法でしかありません。「いかに督促状の数を減らすか」という予防的アプローチが重要です。

▶ 督促状は絶対に抜き取らないで！

　私が保育所保育料の滞納整理担当だった頃、「督促状の抜き取り作業」なるものがありました。督促状発行後、発送までの間に納付が確認できた方の督促状を抜き取り、送付しないようにする作業です。確かに「当初の納期限には遅れたけれど支払ったのに、督促状が届いた。気分が悪い！」という方もいましたが、気分が悪いのなら納期内納付すればいい話です。「納期限に遅れた方には督促状を送らないといけないのです。次からは納期内納付をお願いします」と答えましょう。

☑ **Point**
督促状に差押実績等（都度更新）を同封したことで、
納期内納付の促進に繋がった事例もある。

3

催告
オオカミ少年になってはいけない

▶ 各手法の特性を理解して使い分ける

催告は主に「文書」「電話」「訪問」の３つに分類されます。それぞれの特性を理解して使い分けることが大切です（**図表3-2**）。

【図表3-2　催告の種類と特性（メリット・デメリット）】

種類	メリット	デメリット
文書	・一度に多数へアプローチ ・遠方の滞納者にも対応 ・滞納額等が視覚的にわかる	・滞納者が中身を見ない場合も ・オオカミ少年になりがち 　（滞納者が慣れてしまう）
電話	・文書以上のプレッシャー ・履行確認等フォローに最適	・誤解や行き違いが生じやすい ・着信拒否されることも
訪問	・「わざわざ来た」インパクト ・電話以上のプレッシャー	・物理的に範囲が限定される ・ただの集金なら逆効果

文書催告は物理的な距離を問わず、一度に多数の滞納者へアプローチできる点が優れた、メインの催告手段です。ただし何度も送ると滞納者側も慣れてしまい、中身すら見なくなることもあります。

電話催告は顔が見えない声だけのやり取りのため、誤解や行き違いが生じやすく、特に長時間電話でその傾向が顕著です。履行確認

といった短時間での活用が適しています。

　訪問催告は「わざわざ来た」というインパクトを与えられる一方、遠方の滞納者への対応には向きません。なお、滞納者の要請を受けての訪問・集金は逆効果ですから、応じるべきではありません。

▶ オオカミ少年にならないように

　「差押決定通知」や「訴訟前最終通告」といった名称の通知を何回も送付し、結局は差押えも訴訟もせずに終わっていることはないでしょうか。これではオオカミ少年と同じで、組織の信用を落としかねません。

　漫然と催告書を送付するだけではなく、催告に反応がない滞納者に対しては実際に差押えや訴訟といった行動を起こしましょう。

▶ 催告の費用対効果にこだわろう

　「催告はサービスである」というのが私の持論です。そもそも、法律にはどこにも「催告しなければならない」との記載はありません。わざわざ「このままだと差押えになりますが、大丈夫ですか？」とお知らせしてあげるわけですから、優しさとも言えます。

　法律上必要のないことだからこそ、より一層、**費用対効果の意識**を持ちたいものです。催告書や封筒のデザインを変えてみたり、携帯電話へのSMSによる催告を検討したりと、催告の効果を高めるよう工夫しましょう。

☑ Point

催告書は乱発しないこと！
費用対効果を考え、その後の差押えや訴訟も見据えて計画的に。

4 送達
法的効力を確実に発生させる重要な土台

▶ 書類が未送達なら、その後の手続も無効に

納入通知書や督促状、債権差押通知書など、公債権の賦課徴収に関する書類は、相手に送達されることによってその法的効力が生じます。逆に言うと、「送達されていない」場合は効力が生じません。

例えば督促状が送達されていない状態で差押えをした場合、当該差押えは無効となります。「送達」は、滞納整理の土台を支える重要なカードといえるでしょう。

▶ 送達の方法

送達には郵便による送達、交付送達及び公示送達があり、地方税法20条、20条の2を根拠として、地方自治法231条の3第4項において準用しています。非常に重要な規定なので、『地方税法総則逐条解説』等の解説書をよく読み、理解を深めましょう。

▶ 「書類が届いていない」と言われたら

「書類が届いていない」「確かに送りました」。このような水掛け論に巻き込まれたことはありませんか？

地方税法20条４項に、郵送した書類については「通常到達すべきであった時に送達があつたものと推定する。」と規定されています。「申し訳ありません。発送日から１〜２日後には送達されたものとして対応することになっているんです」と伝えて、不毛な水掛け論に終止符を打ちましょう。

【図表3-3　送達の方法】

送達の方法		注意点
郵便による送達		普通郵便で送付する場合は書類の名称、送達を受けるべき者の氏名、あて先及び発送の年月日が確認できる記録を作成しておく必要がある。 なお、特に重要と思われる書類は特定記録郵便や簡易書留、配達証明等の活用を検討する。
交付送達	出会送達	送達を受けるべき者に対して、送達すべき場所（その者に異議がない時は別の場所でも可能）で直接交付する。この場合、「送達記録書」等を作成し、相手に受領の署名等をもらうこと。
	補充送達	送達すべき場所で書類の送達を受けるべき者に出会わない場合、その同居の者等で書類の受領について相当のわきまえがある者に交付できる。
	差置送達	送達すべき場所に書類の送達を受けるべき者や同居人等がいない場合又はこれらの者が正当な理由なく受領を拒んだ場合には、送達すべき場所に差し置くことができる。
公示送達		書類の送達を受けるべき者の住所・居所等が明らかでない場合などに、自治体の掲示板に掲示（公示）することで送達の効力を生じさせることができる。

☑ Point

私債権には「推定」の規定がないため、万が一に備え、
書類等を発送する際に必ず発送の記録を作成すること。

5
財産調査①
調査を制するものが滞納整理を制する

▶ 財産調査能力が滞納整理の明暗を分ける

調査を制するものが滞納整理を制する。

これは決しておおげさな話ではありません。調査によって滞納者の財産を発見できれば、差し押さえて徴収することができます。

一方、財産を発見できず今後も徴収の見込みが立たない場合は、どれだけ滞納額が高額でも欠損処理せざるを得ません。たとえ訴訟手続により裁判所からの「差し押さえてもよい」というお墨付きがあったとしても、差し押さえるべき財産がなければお手上げです。

このように、「財産の有無」が非常に重要であり、財産調査能力が滞納整理の明暗を分けるということを肝に銘じてください。

▶ 滞納者のお金の流れをイメージする

私は、財産調査で一番大切なのは「想像力」だと考えています。いかに「滞納者のお金の流れをイメージする」ことができるか。

いつ、どこからお金が入ってきて、いつ、どこに出ていくのか。特に重要なのは、**収入源。就労者なら勤務先、自営業者・法人なら取引先**です。滞納者が過去に流したお金の行き先である資産（不動産、預金や保険契約等）についても想像を働かせましょう。

▶ 財産調査にあたっての3つの留意事項

財産調査において気を付けたい留意点を3つお伝えします。

① 取得情報に係る守秘義務を遵守する

② 滞納者の情報を必要以上に提示しない

③ 調査先に対して誠意を尽くす

まず、調査によって取得した情報については守秘義務があるため（地方税法22条、地方公務員法31条）、管理を徹底し、漏えいすることのないよう注意しましょう。また、「どこから情報を取得したか」を滞納者に伝えることも避けてください。滞納者と情報提供者との間でトラブルが起きる可能性があります。そうなれば次回以降の調査にも支障が出るため、注意が必要です。

次に、財産調査にあたって調査先に提示する情報は滞納者が特定できる最低限の内容（住所、氏名、生年月日等）に留め、滞納額や期間等の詳細を伝えてはいけません。「滞納の事実」は滞納者にとって人に知られたくない内容であるため、こちらが求める情報の取得に必要最低限の範囲のみ提示が許されるものと認識してください。

最後に、特に強制徴収債権の滞納整理担当者は「権限があるから」といった居丈高な態度は慎みましょう。調査先からすれば、財産調査は迷惑でしかありません。私も、滞納者の勤務先担当者に「この調査・回答や給与差押えにかかる人件費を支払ってもらえるわけではないんですよね？」と耳の痛いことを言われた経験があります。あくまでも「調査先の貴重な時間と労力を奪っている」ことを認識し、誠意をもって臨んでください。

☑ Point

財産調査にあたっては法令を遵守し、誠意ある対応を。
技術以上に「絶対に見つける」という強い気持ちが重要。

財産調査②

6

徴収する債権に応じて ベストを尽くそう

▶ 財産調査に係る根拠規定

　まずは財産調査に係る根拠規定を押さえましょう（**図表3-4**）。調査先は法律等に基づき回答に協力することが求められています。強制徴収債権は強い調査権限を有していますが、非強制徴収債権はその範囲が限定されています。私会計は、公用請求もできません。

　なお、**滞納者本人から「財産調査同意書」が提出されている場合は、この限りではありません**。調査時に「財産調査同意書」の写しを添付することで、任意調査でも回答が得られる可能性が高くなります。ただしすべての調査先が回答に応じてくれるわけではありません。

【図表3-4　財産調査に係る規定】

債権の種類	規定	調査先等
強制徴収債権	国税徴収法141条	滞納者、滞納者の財産占有者、滞納者の債権債務者、滞納者が株主又は出資者である法人
	地方税法20条の11（地方税）国税徴収法146条の2（公課）	官公署等
非強制徴収債権	住民基本台帳法11条	公用請求（住民票の写し）
	戸籍法10条の2第2項	公用請求（戸籍謄本）

※　私会計は公用請求不可。

【図表3-5 庁内調査の調査先と取得可能な情報】

調査先	取得可能な情報（一例）
住民登録担当	住民票の写し、戸籍謄本、戸籍の附票
市町村民税担当	所得状況、勤務先（給与支払報告書）、口座情報（確定申告書に記載）、生命保険契約の有無（保険料控除）
資産課税担当	不動産保有状況、軽自動車保有状況
納税担当	口座情報（還付先）、各種財産調査内容（税滞納がある場合）
水道担当	口座情報（引落口座）、水道使用量（所在調査に使う）
各種給付担当	口座情報（各種給付金の振込先）

【図表3-6 庁外調査の調査先と取得可能な情報】

調査先	取得可能な情報（一例）
金融機関	口座残高、取引履歴、貸付状況
勤務先	給与支払状況、振込先口座、団体加入の生命保険契約
取引先	取引の有無、次回支払額と支払日、振込先口座
法務局	登記事項証明書、登記時の添付書類、法人登記事項証明書
税務署	法人の申告内容、個人の確定申告内容
電気・ガス会社 携帯電話会社	引落口座、利用歴
債権債務関係者	債権債務関係（お金を支払う時期や金額等）
他自治体担当者	転入前、転出後の自治体や都道府県の担当者が保有する情報
現地調査	本人宅、法人所在地、不動産所在地（捜索は別途記述）

☑ Point

非強制徴収債権でも、法律に基づかない任意調査は可能。
調査したことが滞納者に伝わり、完納になることも。

7 債権差押①
お金の本流を押さえる

▶ 「支払ってもらえる権利」を差し押さえる

差押対象となる債権とは、「滞納者（債権者）が他の人や機関（債務者）から金銭を支払ってもらえる権利」のことです。

したがって、「銀行預金の差押え」は、正確に言うと預金そのものではなく、預けているお金を払ってもらえる「預金払戻請求権」という「権利」を差し押さえているわけです。まずは、この「権利を差し押さえる」という感覚を掴んでください。そして、「**この滞納者はどんな権利を持っているか？**」という嗅覚を働かせましょう。

▶ 権利の三角関係の相手を探そう

「三角関係」というと恋愛ドラマを連想しますが、債権を差し押さえると、まさに「権利の三角関係」状態になります（**図表3-7**）。

職員が滞納者の債権である「預金払戻請求権」を差し押さえると、滞納者に代わって権利を実行できることとなり、金融機関は払戻義務を職員に履行しなければいけません（この場合、金融機関を「第三債務者」と呼びます）。この三角関係が債権差押の基本で、債権の種類によって第三債務者が変わります。

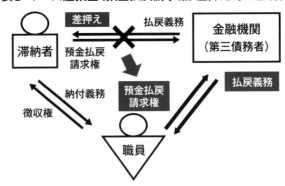

【図表3-7　口座預金（預金払戻請求権）差押え時の権利関係】

▶ 差押債権にはさまざまな種類がある

　以下に差押債権の例を示します。これ以外にもさまざまな債権が差押えの対象となりますので、ぜひ、探してみてください。

【図表3-8　債権差押えの例】

差押債権の名称	第三債務者
預金払戻請求権、利息請求権	金融機関
給与支払請求権、退職金支払請求権	勤務先
売掛金請求権	取引先
保険金請求権、保険解約返戻金請求権	保険会社
過払金返還請求権	消費者金融
所得税還付請求権	税務署
単元未満株式買取請求権	株式発行会社

☑ Point

常に「第三債務者となるのは誰か？」を意識すること。
また、日々の生活の中でも債権を探してみよう。

8 債権差押②
まず差押えを検討すべき 3つの債権

▶ 即効性の高い「預金差押」

　預金差押のメリットは即効性。**差押えから換価（取立）までが早いため早期完納に至りやすい**です。また、お金の流れが止まるため差押後に滞納者から連絡があることも多く、相談や納付指導の場を設けやすいことが特徴です。ただし、日常のお金の流れを止めることは滞納者の生活に直結するため、強い反発が生じやすいともいえます。

　なお、預金調査の段階では口座残高に一喜一憂せず、入出金明細（取引履歴）を入念に確認しましょう。差し押さえるべき他債権の確認に繋がります。以下にチェックポイントを示します。

- ○　金融機関等に借入はあるか、またその残高
- ○　他機関からの差押えはあるか、またその執行機関
- ○　定期的又は多額の入出金はあるか、またその相手先

▶ 納期内納付への近道「給料等差押」

　給料等差押のメリットは、「滞納者が納期内納付者に変わりやすい」ことです。勤務先の給与担当者が、再び滞納者にならないよう管理監督してくれる場合もありますし、中には「一旦、滞納分を立

て替えます」と、会社側が申し出て、滞納者に代わって一括納付いただける場合もあります。また、調査段階で滞納者が給与担当者や社長に呼び出され、滞納解消に向けた行動が取られることも少なくありません。したがって、**滞納者が給与所得者の場合、私は原則として最初に給料等の差押えを検討していました。**

一方、給料等差押にはデメリットもあります。強制徴収債権では差押禁止額の計算上、子どもが多い世帯で給料等差押不可となる場合が多いことや、第三債務者である勤務先が差押え・取立てに協力してくれない場合は訴訟手続が必要になることです。

▶ 分納不履行防止に「保険契約解約返戻金」

保険契約には生命保険や学資保険、火災保険等があります。私の認識として解約返戻金差押は担保的要素が大きく、分割納付の申し出を受けたときに差し押さえて、不履行時に強制解約するという使い方をしていました。ただし、必要に応じて速やかに強制解約して取り立てる場合もあります。案件ごとに使い分けてください。

なお、強制解約に際しては「介入権」といって、請求から1か月が経過するまでの間に第三者が解約返戻金相当額を支払うことで強制解約を回避できる制度がありますので、注意が必要です。

さらに、「国税徴収法基本通達」67条関係において、「解約返戻金によって満足を得ようとする差押債権者の利益と保険契約者及び保険金受取人の不利益とを比較衡量する必要があり、慎重に判断する」として、事例が示されています。確認しておきましょう。

☑ Point
預金差押と給料等差押で一括納付に繋げるとともに、
保険契約の解約返戻金で分納不履行に手を打とう。

9 不動産差押
長期戦に強い手段

▶ 不動産差押を検討したほうがよいケース

「どの財産を差し押さえるか？」については、滞納整理担当者の裁量に任されていますが、まずは前項の「債権」を差押対象として検討することが多いです。債権差押は「即効性」があるので、早期対応の観点からすれば妥当な判断でしょう。一方、不動産差押は「遅効性」があります。滞納額が大きな案件や、完納までに一定の期間を要するものについては、不動産差押を検討しましょう。

また、自宅不動産を所有し、住宅ローンを払う一方で固定資産税を滞納しているケースについても原則として不動産差押をします。このような滞納案件を放置していては「持ち家に住みたいけれど、賃貸物件で我慢している」納付者への説明責任が果たせません。

▶ 「抵当権」と「法定納期限等」

不動産差押の第一歩は、法務局で取得できる「登記事項証明書」を確認することから始まります（**図表3-10**）。その前に重要な用語「抵当権」と「法定納期限等」を覚えてください。

まず、「抵当権」ですが、住宅ローンなどの借り入れを受けるときに金融機関や保証会社が設定するもので、万が一支払いが滞って

しまった場合の担保として、抵当権者が不動産を強制的に売却し、売却金額を優先的に受け取ることができる権利を言います。

次に、「法定納期限等」とは、私債権者がある者と取引を行うにあたってその者の税金等の発生を予測できる日を言います。差押不動産を強制的に売却（公売）した際の配当順位（優先的に金額を受け取れる順番）を決める際の基準になる、非常に重要な日です。

似た用語として「納期限」「法定納期限」がありますが、実務上、法定納期限等ほど重要ではないので、「納期限」はそのままの意味、「法定納期限」は、納期限が複数回に分かれている場合はその初回という認識でほぼ問題ありません。以下に具体例を示しておきます（図表3-9）。

この「**法定納期限等**」が「**抵当権設定日**」**より一日でも早ければ住宅ローンがどれだけ残っていても、公売して配当を受け取ることができます。**

逆に、よく確認せずに法定納期限等よりも抵当権設定日が早い不動産を公売してしまい、配当を受け取れなかった場合は、「無益な差押」として違法処分になりますので、注意が必要です。

【図表3-9　納期限・法定納期限・法定納期限等の例】

債権名	納期限	法定納期限	法定納期限等
市町村民税	6・8・10・12月末	6月末	3月15日※
軽自動車税	5月末	5月末	5月末
国民健康保険料	6～翌3月末	6月末	6月末

※　国税（所得税）に準拠して課せられる税として、所得税の確定申告期日である3月15日が法定納期限等になる。

✔ Point

日本人は「家」に対する執着が強い傾向にあり、自宅不動産を差し押さえる旨を伝えただけで完納する場合もある。

【図表3-10 「登記事項証明書」徹底解剖！】

表題部 (土地の表示)				調整	平成6年 2月24日	不動産番号	1234567890123
地図番号	余白	筆界特定	余白				
所在	○○市○○					余白	
① 地 番		② 地 目 Ⓔ	③ 地 積 m²			原因及びその日付(登記の日付)	
123番4		宅地		300 75		123番3から分筆 (昭和61年7月8日)	
余白		余白	余白			昭和63年法務省令第37号附則 第2条第2項の規定により移記 平成6年2月24日	

権利部 (甲区) (所有権に関する事項)			
順位番号	登記の目的	受付年月日・受付番号	権利者その他の事項 Ⓓ
1	所有権移転	昭和62年5月25日 第5262号	原因 昭和62年3月15日相続 所有者 大阪府○○市○○町3-2-1 　　　○○ ○○ 順位5番の登記を移転
余白	余白	余白	昭和63年法務省令第37号附則第2条第2 項の規定により移記 平成6年2月24日 Ⓑ
2	所有権移転	平成15年4月3日 第25345号 Ⓐ	原因 平成15年4月3日売買 所有者 大阪府△△市△△町1-2-3 　　　△△ △△
4	差押 Ⓒ	令和2年3月4日 第4231号	原因 令和2年3月4日差押 債権者 ○○市

A　現在の所有者が滞納者本人と相違ないか確認
B　どのような原因（相続・売買・贈与）で取得したのか確認
　　相続…他の相続財産がないか
　　売買…融資（借入）の有無を権利部（乙区）にて確認
　　贈与…贈与者に援助してもらい一括できないか検討
C　差押の有無と受付年月日を確認。差押債権者に照会を実施
D　前所有者に売買の内容を調査することも検討
E　地目や地積が現状とかけ離れていないか確認

権利部（乙区）(所有権以外の権利に関する事項)			
順位番号	登記の目的	受付年月日・受付番号	権利者その他の事項
1	抵当権設定 **F**	平成15年10月10日 第12345号	原因　平成15年10月10日保証委託契約による求償債権。同年10月10日設定 **G**　債権額　金3,000万円 損害金　年14%（年365日計算） 債務者　大阪府△△市△△町１－２－３ 　△△　△△ **H**　抵当権者　東京都□□区□□ 　□□信用保証株式会社
2	根抵当権設定	平成18年３月27日 第345号	原因　平成18年３月27日設定 極度額　金1,000万円 債権の範囲　銀行取引　手形債権　小切手債権 債務者　大阪府△△市△△町３－２－１ 　株式会社　△△商事 根抵当権者　東京都◇◇区◇◇ 　株式会社　◇◇銀行 **I**　(取扱店　◇◇支店) 共同担保　目録(ア)第1723号

J

共同担保目録				
記号及び番号	(ア)第1723号		調整	平成18年３月27日
番号	担保の目的である権利の表示	順位番号	予　　　　備	
1	○○市○○　123番４の土地	2		
2	○○市△△　342番の土地	5		

F　抵当権設定日を確認。法定納期限等が優先する（抵当権設定日以前）場合、優先的に配当を受けられるため、早い段階での公売も視野に入れ滞納整理を進める。法定納期限等が劣後する（抵当権設定日以降）場合でも、債権額によっては配当・公売の可能性がある

G　債権額を確認。正確な債権額は必ず抵当権者に照会する

H　抵当権者が金融機関の場合、引落口座は同金融機関であることが多いため、同金融機関に調査実施。抵当権者が金融機関以外の場合は抵当権者への照会時に引落口座を確認

I　所有者が合意すれば不動産を所有者以外の者の担保とすることもできる。所有者が経営する会社名義で根抵当権設定されることも多い

J　共同担保目録に記載されている不動産は必ず確認し、その登記事項証明書も取得する。滞納者名義の他の不動産に繋がる場合

10 捜索・動産差押①
必ず活用すべき驚異の権限

▶「捜索」のメインの目的は情報収集

「捜索は調査の一環である」ということをまず押さえましょう。

つまり、捜索時には価値ある動産を発見して差し押さえることも重要ですが、別の財産に繋がる情報（生命保険の保険証券等）や、滞納者の実際の生活状況や抱える課題の把握に役立つ情報（給与明細や借用証書等）を可能な限り集めることも大切です。

これらの情報は「これ以上は徴収できない」という**欠損処理を行う際の説明責任を担保する**ものにもなります。

▶「捜索」を活用しない手はない

憲法35条は「住居不可侵」を規定しています。滞納者の家に強制的に入る捜索がこれに抵触するのではないか、という問題があり、時々、滞納者からも「人の家に勝手に入り込むな！　令状を見せろ！」と言われることがあります。

実は**滞納処分による捜索は、裁判所の令状なしで実施可能**であり、かつ憲法にも違反しません。「滞納の事実が客観的に明白であって、それを実行する手続に過ぎないから、その要件を刑事手続のように厳格にする必要がない」といった理由からです。

しかも、必要に応じて玄関や窓の鍵を専門業者に開けてもらったり、時には破壊したりすることもできるわけですから、これほど驚異的な権限はなかなかありません。

捜索を行うことで滞納者に本気度が伝わって一括納付に繋がったり、動産を差し押さえることができたり、他に差押え可能な債権が見つかったり、欠損のための判断材料が手に入ったりと、**必ず滞納整理を前に進めることができます**。活用しない手はないでしょう。

▶「捜索」を実施するためのステップ

非常に効果の高い「捜索」ですが、「実施に抵抗がある」職員は少なくありません。捜索をする職員自身もそうですが、決裁者である課長や部長が及び腰になってしまうケースも耳にします。

私が滞納整理を始めた頃の寝屋川市も、日常的に捜索ができている状態ではありませんでした。以下に私自身が継続して捜索を実施できるようになった流れを示しますので、参考にしてください。

① 他市の成功事例に触れ、捜索の重要性と高い効果を知る。

② 『国税徴収法精解』等の専門書を確認し、捜索にかかる根拠条文をしっかりと押さえる。『執行官提要』という裁判所職員のマニュアルも参考に、法的な問題がないことを上司に説明。

③ 銀行の貸金庫や倒産目前で稼働していない法人の工場を捜索したり、長期にわたって納付がなく生活困窮が色濃い高齢者宅について、滞納者の同意・理解を得た上で捜索することで、捜索の流れを身体に叩き込む。

✅ Point

どんな滞納案件でも、捜索を行うことで状況が進展する。
ハードルは一見高そうに見えるが効果抜群！

11 捜索・動産差押②
事前準備編

▶ 一番の近道は先進自治体に教えを請うこと

　捜索の実施をする上で一番の近道は、実際に身近で捜索している自治体に教えを請うことです。**使用している様式等を提供してもらい、捜索の流れを教えてもらいましょう。**

　全国には同じ法律に基づいて滞納整理をしている仲間・同志がたくさんおり、捜索をはじめ、さまざまな業務に精通しています。そうした方々が積み重ねてきたノウハウをありがたく使わせていただきましょう。一気にレベルアップできます。

▶ 事前準備は当日をイメージして念入りに！

　身近に捜索をしている自治体がなく、遠方の先進自治体から書類等の提供を受けても、「実際に捜索している姿がイメージできない」という方もいると思います。そこで、まずは私が実際に捜索の前に行っていた事前準備を参考に示します。誌面の都合上、ポイントのみとなってしまいますが、イメージがより具体的になれば幸いです。次項では当日の動きについて説明します。

【図表3-11　捜索の事前準備】

〈捜索対象案件の事前調査〉

世帯構成員の把握	住民票で世帯構成員を把握。滞納者以外の家族がいる場合は滞納者不在時に立会人となってもらう可能性が高い。女性がいる場合は女性の捜索員を配置するのが望ましい。
現地調査	滞納者の帰宅時間（車が停まっている時間帯等）や、不在時の鍵開錠を想定して鍵の形状を確認。必要に応じて鍵部分だけ写真を撮り、事前に開錠可能かを鍵業者に確認しておく。
他財産調査	事前に金融機関等の書面調査を行い、可能な限り滞納者の情報を取得しておく。

〈立会人手配・鍵業者依頼〉

警察官への立会人依頼	滞納者や同居人が不在の可能性が高く、鍵を強制的に開錠して捜索するような場合等、警察官に立会いを依頼することもある。
他部署への立会人依頼	警察官の立会いは不要と判断した場合も、滞納者や同居人が不在又は立会拒否した場合を想定し、他部署へ立会人としての職員派遣を依頼する。
鍵業者依頼	滞納者や同居人が不在の可能性が高い場合、鍵を強制的に開錠するため、鍵業者に依頼する。

〈役割分担及び事前打合せ〉

役割分担	班長、副班長、捜索員、補助者等の役割分担を決定
事前打合せ	今回の捜索の対象者情報及び目的を共有し、各役割の当日の動きを確認。流れをシミュレーションする。
書類及び物品の確認	徴収職員証、現金領収書、書類（差押調書、捜索調書、滞納明細書、差押財産目録等）、出入禁止の貼り紙、印鑑・朱肉、その他物品（手袋、腕章、カメラ、ビデオ、筆記具、メモ、ふせん、養生テープ、ビニール袋、段ボール等、タイヤロック）

✅ Point

事前準備が捜索の成否を決める。
あらゆる可能性を想定し、シミュレーションしておこう。

捜索・動産差押③
捜索当日編

▶ 中に入れば9割成功

「捜索は、中に入りさえすれば9割成功」というのが私の持論です。その先は淡々と差押可能財産の有無や生活状況を丁寧に確認・把握していくだけです。

捜索当日に行うことは**図表3-12**の通りです。ただし捜索は案件ごとにいろいろと条件が異なりますので、すべて想定通りに行くわけではありません。あくまで参考程度に留め、自身の自治体でノウハウを積み重ねてください。まずは、「とにかく中に入ること」です。

なお、捜索終了時には差押調書（又は捜索調書）を交付又は差置送達します。引き上げる際には忘れ物や落とし物がないか、十分に確認しましょう。

また、捜索はいくら事前に想定しても、当日に想定外のことが起こりますので、**「想定外を想定しておく」心構えが大切**です。

例えば、「解錠できると思っていた鍵が解錠不可。やむなく電動ドリルで破錠しようとしたら、中から人が出て来た」「電気もガスも止まっている空き家だと思ったら2階に人がいた」といった、冷や汗をかくような想定外の事態を私も経験してきました。その都度おろおろと慌てては周囲に情けない姿を見せてきましたが、失敗してもとにかく捜索を続けていれば、結果は確実についてきます。

【図表3-12　捜索当日の動き】

〈中に入るまで〉

滞納者在宅時	滞納者あるいは同居人等が出てきた場合、滞納があることから国税徴収法142条に基づく捜索を行う旨を伝えて、立会いを求める。拒否の場合、用意していた立会人が立会い
滞納者不在時	鍵業者に玄関又は窓の鍵を開錠してもらい、国税徴収法142条に基づく捜索を行う旨を宣言し、用意していた立会人とともに中に入る。

〈各役割が当日行うこと〉

班　長	捜索現場指揮、滞納者対応
副班長	班長の補佐、捜索員との連絡、本部との連絡
捜索員	割り当てられた部屋にて財産・書類等を捜索、重要なものを発見した場合は班長に報告、差押動産の整理・保管
補助者	記録のためのビデオ撮影、動産の写真撮影、出入禁止の貼り紙掲示

〈各財産等への対応〉

現　金	自主納付の場合は領収書を作成・交付し、そうでない場合は差押手続
動　産	現状を写真撮影し、財産目録に記載した上で梱包・搬出
自動車	鍵や自動車検査証の取り上げ、搬出又はタイヤロック
保険証券	差押調書又は捜索調書に「取り上げる」旨を記載して持ち帰り、速やかに当該保険差押を執行
預金通帳	必要に応じて保険証券同様取り上げる（又は写真撮影）。なお、初めて発見する口座の場合、速やかに他の徴収職員に情報を伝えて口座預金差押をしてもらう。
PCスマホ	滞納者に開いてもらい中のファイルや金融機関アプリ等を確認（収支状況等他の財産に繋がる情報があるかもしれない）

☑ Point

必要に応じて警察官立会いを依頼できるよう
普段から警察と関係性を築いておくこと。

13 換価（取立・公売）
差押財産の価値を損なわない工夫を

▶ 換価の原則は「高価・有利に行う」こと

　差し押さえた財産を現金に換える手続を「換価」と言います。債権差押でいうところの「取立」、動産や不動産等の差押えでいうところの「公売（強制売却）」がこれに当たります。**換価の原則は、「資産価値を損なわずに、可能な限り高価・有利に行う」こと**です。

　例えば動産公売において、ブランド品の真贋鑑定を行い、「本物である」とのお墨付きを得られれば、高価に売却することができます。他にも土地を差し押さえた場合に見栄えをよくするために草を刈るといった工夫をしている自治体もあります。

　また、債権の取立てについて私の失敗例を共有します。ある時、私は「生命保険契約の解約返戻金請求権」を差し押さえました。保険料の一部が積み立てられており、差押時の解約返戻金は数十万円。解約すれば保険契約はその効力を失います。

　私は「しばらく様子を見よう」と、解約を先延ばしにしていましたが、これがまずかった。滞納者が差押後に保険料の支払いを止めてしまったため、契約時の取り決めに基づいて解約返戻金の中から月々の保険料が相殺されており、数か月後に気付いた時には解約返戻金が半分ほどに。資産価値が大きく損なわれる結果となりました。みなさんも同様の事例にお気を付けください。

▶ さまざまな公売手法を使いこなそう！

　動産や不動産の公売（強制売却）にはさまざまな手法があります。それぞれの性質を理解して、うまく使い分けましょう。

　なお、公売は滞納者の財産を強制的に処分する手続であることから、各種法律に基づいて適正に行われる必要があります。直接の根拠規定の詳細が説明されている『国税徴収法精解』を確認するのはもちろんのこと、『換価事務提要』や『公売事務の手引』等の解説書をよく読み、間違いのない執行を心がけてください。

【図表3-13　さまざまな公売手法】

公売手法	性質（メリットやデメリット）
インターネット公売	インターネット上で行われる期間入札や期間せり売り。広く周知することが可能だが、システムの利用手数料が必要。
期日入札（庁内）	庁内の入札室等で行う期日入札。権利関係が複雑な不動産等について買受人に内容を正しく理解していただくため、十分に時間を割いて説明できる。
窓口公売	庁舎内の担当課窓口にて行う期間入札。窓口を訪れる市民へのPRも兼ねており、実際に差押動産を展示して見せたり、写真をカタログのようにまとめてみたりと各自治体は工夫している。
公売会	体育館や公民館等を利用して行われる大規模な公売会。当日限定の期間入札やせり売りが行われる。納付啓発ポスターや捜索の様子を示したパネル、多重債務解決を促すための案内窓口を設けるなど、単に動産を公売するだけでなく、さまざまな工夫を凝らしている。また、近年は複数の自治体が連携して行う「合同公売会」が開催されたり、タッチパネルが導入されたりと日々、進化をとげている。

☑ Point

　公売手法などを勉強して効果的な換価ができれば、
　滞納者に還付できて感謝されることも。

14 裁判所の活用

「お願い」徴収の限界を乗り越える

▶ 非強制徴収債権にも突破口がある

　非強制徴収債権の滞納整理担当者のみなさんには残念な現実をお伝えしなければなりません。それは、「お願い」徴収には限界があるということです。要は、口頭でも文書でも、「支払ってください」と伝えるだけで、強制力を持たない状態には限界があるということ。あの手この手で訴えかけても、滞納者が応じない限り、完納は実現しません。

　私が特に限界を感じるのが、給食費の徴収です。そもそも「給食」に対する考え方は人それぞれで、中には「義務教育で学費が無料なら給食費も無料にしろ！　私は絶対に払わない」などと主張する方もいます。このように財布の紐に鍵をかけられたらお手上げです。

　強制的に徴収する手段を与えられないまま「毎年100％徴収してください」と言われるのは、「奇跡を起こし続けてください」と命じられているのに等しいのではないでしょうか。

　そんな、無理難題にも思える非強制徴収債権にも突破口があります。

▶ 「選択肢」を手に入れると余裕が生まれる

　「お願い」という、か細い命綱一本に頼った滞納整理ではなく、「裁判所の活用」という選択肢を手に入れましょう。

　不思議なことに、選択肢を手にするだけで、実際に裁判所を活用しなくても完納に至るケースが出てきます。それはなぜか？ **複数の選択肢があることで、対応に余裕が生まれる**からです。

　こちらが誠意を尽くしてもなお、無視したり罵声を浴びせたりしてくる滞納者に対して、ひたすらにお願いを続けるのか。それとも「では、仕方ないですね。次は、簡易裁判所でお会いしましょう」と伝えてその場を去るのか。どちらが優位に滞納整理を進めることができると思いますか？　間違いなく後者でしょう。

▶ 裁判所活用の費用対効果

　裁判所を活用するのに必要な費用は、基本的に「収入印紙代」と「郵便切手代」だけ。例えば10万円の滞納金を徴収するために次項で紹介する「支払督促」を行う場合に必要な金額は１万円以下です。

　裁判所は「払うべきお金を払わない者＝滞納者」に厳しく、滞納債権の発生自体に疑義がなければ、弁護士に頼ることなく100％勝訴すると考えてください。弁護士費用も必要ありません。

　たった１万円以下の金額でさまざまな効果を生み出す「選択肢」を増やせるなら、安いものです。

☑ Point
滞納整理担当者自身が実際に法廷に立つことで、
窓口等での納付折衝時の説得力も段違いになる。

支払督促

15

意外と簡単にできる
民事訴訟手続の主役

▶ 9割の案件は支払督促で対応可

「支払督促って何？　いつも送っている督促とは違うの？」

そう思われた方はいませんか。**結論からいうと、まったく別もの**です。

「督促」は、法律に基づき滞納者に送付しなければならない文書です。一方、「支払督促」は、主に金銭の支払いを求めて債務者所在地を管轄する簡易裁判所の書記官に申立てを行う裁判手続の一種です。

金銭の支払いを求める裁判手続は複数ありますが、支払督促は①**請求金額に上限がない、②裁判所に出頭する必要がない、③作成する書類が少ない、④申立てにあたって議会の議決が不要**といったメリットがあります。非強制徴収債権の滞納整理においてメインとして利用される手続です。私も裁判手続が必要な滞納案件については、9割以上を支払督促で対応していました。

ただし、支払督促にはデメリットもあります。①異議申立てがあれば通常訴訟へ移行する、②管轄裁判所は必ず債務者（滞納者）所在地であり、遠方へ転出した滞納者に対しては不向き、③滞納者が所在不明な場合は手続ができない、というものです。他の手続との違いもしっかりと理解した上で、案件ごとに適した手続を選択しましょう（**図表3-14**）。

【図表3-14　裁判手続の簡易比較】

項　目	支払督促	少額訴訟	通常訴訟
請　求　額	上限なし	60万円以下	140万円以下は簡易裁判所、140万円超は地方裁判所。原則は債務者所在地だが、義務履行地の裁判所も可
管轄裁判所	債務者所在地の簡易裁判所	同左／義務履行地の簡易裁判所も可	
債務者が所在不明の場合	手続不可	手続不可	手続可
口頭弁論期日の裁判所出頭	なし	あり（一回のみ）	あり
その他特記事項	・申立費用が通常訴訟の半額・異議申立てがあると通常訴訟へ移行する。	一年間で申立てできる回数が決まっている。	金銭以外の請求（市営住宅の立ち退き等）も併せて請求できる。

▶ まずは1件、申し立ててみよう

　これを読んだみなさんがすべきことは、収入印紙と切手代を確保した上で管轄の簡易裁判所に電話をかけることです。

　裁判所はあくまで「中立」な立場であることを前提として、各手続の詳細も教えてくれますし、実際に申立てを行ったときに間違いがあれば指摘してくれます。

　まずはとにかく「1件」、取り組んでみましょう。

✓ Point
訴訟移行時に議会の議決が必要かどうかについては、
各自治体の「市長専決事項」を確認しよう。

時効

16 その先は徴収できない デッドエンド

▶ ポイントは「時効期間」と「時効の更新」

　滞納整理における「時効」とは、一般的に「消滅時効」を指します。地方税や公債権は時効を迎えると徴収権が絶対的に消滅する（徴収できなくなる）ため、**時効後に滞納金を徴収した場合は、過誤納金として還付しなければなりません**※。そのような情けない事態を防ぐためにも、時効管理を徹底しましょう。その際に注目すべきポイントは、「時効期間」と「時効の更新」の2つです。

　※　なお、私債権は滞納者からの時効の援用（自身の滞納債権が時効を迎えていることを主張する行為）をもって徴収権が消滅します。

▶ 債権によって異なる「時効期間」

　時効期間は債権によって異なります（**図表3-15**）。公債権は強制・非強制問わず原則として5年ですが、国民健康保険料（2年）のように個別法で定められた時効期間が優先される場合もあります。

　なお、私債権については民法改正（令和2年4月1日施行）の前後で時効期間が異なるため、注意が必要です。改正前は債権ごとに時効期間が異なっていましたが、改正後は原則として「債権者が権利を行使できることを知った時から起算して5年間行使しないと

き」と規定されました。

【図表3-15　債権ごとの時効期間】

債　　権	期　　間	根拠法令
地方税	5 年	地方税法18条 1 項
公債権	5 年	地方自治法236条 1 項
国民健康保険料	2 年	国民健康保険法110条 1 項
私債権（民法改正前）	2 〜10年	改正前民法166条等
私債権（民法改正後）	原則 5 年	改正後民法166条

▶ 時効の進行をリセットする「時効の更新」

　時効の更新事由が生じると、進行していた時効が一旦リセットされ、新たな時効期間が進行します。公債権についても地方自治法236条 4 項の規定に基づいて民法における時効の規定が準用されますが、民法改正により従来の「時効中断」が「更新」と表現されるなど、規定が変更されているため、注意してください。

　なお、時効の更新事由はいくつかありますが、「督促（地方税法18条の 2 第 1 項 2 号又は地方自治法236条 4 項）」「承認（改正後民法152条）」「強制執行・差押（同148条 1 項）」「支払督促（同147条 1 項）」の 4 つを覚えておけば大丈夫です。

☑ Point

徴収権を消滅させないよう、時効や更新の有無をチェック。
ただし可能な限り、当初の時効期間内の解決が望ましい。

広報

17

新たな滞納を予防する
アプローチ

▶ 希少な「予防」カード

　滞納整理の最大の戦略は「予防」です。「広報」は、その予防の観点からアプローチできる数少ないカードの一つであり、ぜひとも使いたいところです。

　一例として寝屋川市広報（**図表3-16**）の記事を紹介します。生活保護の不正受給に伴う返還金は税金と同じように差押え・捜索の対象になることを示しました。同時に、差し押さえた財産を窓口公売する旨も掲載しました。「不快の回避」と「市民の信頼確保」が狙いです。

▶ 厳しい処分の抵抗を減らす「予防接種」効果

　また、「差押え・捜索・訴訟手続が当たり前」ということが浸透すると、実際にそれらの処分を受けたときの滞納者の反応が比較的穏やかになります。私はこれを**「予防接種」効果**と呼んでいます。

　まさに一石三鳥。費用対効果の高いカードといえるでしょう。

【図表3-16　市民への啓発を目的とした広報（寝屋川市広報2017年3月号）**】**

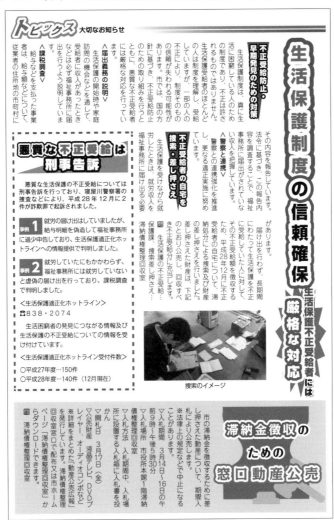

捜索のイメージ

✅ **Point**

差押えや捜索、裁判手続の件数など、「厳しい対応」の
具体的な数字を掲載することで予防効果が増す。

18 3つのP
解決手段を劇的に増やすコツ

▶ TTP──徹底的にパクる

　本章の最後に、カードを劇的に増やすコツをお伝えします。その
キーワードは「P」。ずばり、「PAKURU（パクる）」のPです。そ
う、優れた取組みをパクる、つまり真似をすることで、劇的に手持
ちの切り札は増えます。以下3種類の「P」をマスターしましょう。
　まずは「TTP」。徹底的にパクる。そのまま真似しましょう。
　私が非強制徴収債権を担当することになった時、北海道赤平市の
山森拓さんという、市営住宅家賃の滞納整理で裁判所を使い倒して
いた先駆者に様式を一式まるごともらい、そのまま使わせていただ
きました。裁判所の「さ」の字も知らなかった人間が、急に支払督
促申立ができるようになるなんて、まさに魔法です。

▶ TKP──ちょっと変えてパクる

　「パクる」で私が一番お世話になったのは、「横浜市のレジェンド」
川井幸生さん。川井さんは横浜市の税金、国民健康保険料の徴収率
をV字回復させた中心人物で、その取組みをひたすら真似しました。
　ただ、滞納整理を始めたばかりの私にとって横浜市が実践してい
る捜索や不動産公売などは難易度が高かったため、当時の自分のレ

ベルに合わせて、例えば、最初は滞納者の自宅ではなく貸金庫を捜索するなど、使えそうなところだけ使う。つまり、全部そのままではなく「ちょっと変えて」パクらせてもらいました。

▶ OKP——思いっきり変えてパクる

「クロージングトーク」という、営業職の方が契約を成立させる場面での顧客との会話があります。**「財布を開いてお金を出してもらう」という意味では滞納整理と共通する**部分があり、そのエッセンスは納付折衝時のやり取りに応用できます。

このように、他業種の成功事例で、そのままでは使えないけれど、構造は似ているとか、一部だけなら使えるものについては、「思いっきり変えて」パクりましょう。私が他に参考にしたのは、インタビューアーや武道家、経営者や哲学者など。パクり先は無数にあります。

▶ 目標とするモデルを設定する

目標とするモデルを見つけて、その人の真似をすることもまた自身の引き出しを増やすことに繋がります。

寝屋川市にはかつて、「流清塾」という人材育成プログラムがあり、私は第一期生でした。活躍中の先輩公務員から講義を受け、各々が企画立案した政策を市長にプレゼンするのですが、講師陣に触れて私の中の公務員像が大きく変わり、「自分もこんな公務員になりたい」と、目標が明確になったことで成長できた実感があります。

☑ Point
経験不足を補うには他の人の真似から入るのが効果的。
パクった相手には必ず感謝と成果の報告を忘れずに！

滞納整理担当者は納付者にとってのヒーロー

　私には2人の息子がいますが、常に、「かっこいい父親でいたい。息子に胸を張れる仕事をしたい」と考えています。

　自分が仕事に誇りを持って取り組んでいることを子ども達にも感じてほしくて、折に触れて「今はこんな仕事をしていて、大変だけどやりがいのある仕事だよ」と話していたのですが、そのことが原因でちょっとした事件が起きました。

　次男が5歳のとき、小学校受験をすることになりました。対策のための教室に通っていたある日のこと。お迎えに行くと、先生がなんとも言えない顔で、言いにくそうにこうおっしゃったんです。

　「お父さん、本日のレッスンは『模擬面接』でした。私が面接官役として、『あなたのお父さんはどんな仕事をしている人ですか?』と聞いたのですが、お子様がすごく誇らしげに胸を張って、

　『お父さんは、人の家にある物をとる仕事をしています!』

　と答えたんです。お父さん、何かの間違いですよね?」

　私はもう大慌てで、先生に捜索についての説明をしました。だいぶ肝を冷やしましたし、表現は誤解を招くものでしたが、父の仕事を誇らしげに語る次男を想像して、なんだか嬉しくなりました。

　私は、「滞納整理担当者はヒーロー」だと本気で思っています。真面目に納付している人達の声なき声に応え、経済的な問題を抱える人を救える存在なんですから。

　みなさん、胸を張って滞納整理をしましょう!

4章

今日から使える！
滞納者対応の
テクニック

1 「前提」次第で納付折衝の結果は180度変わる

▶ ワンランク上の滞納者対応を目指して

　4章では「窓口でのトラブルをぐっと減らす」「互いにストレスなく滞納者を完納へと導く」といったワンランク上の滞納者対応をするためのノウハウをお伝えします。みなさん自身との相性を踏まえてTTP（徹底的にパクる）、TKP（ちょっと変えてパクる）、OKP（思いっきり変えてパクる）してください。

▶ 「前提」を間違えてはいけない

　まず一つ、昔話をしたいと思います。新人の頃の私は、窓口や電話口で滞納者と言い争っては神経をすり減らす日々を送っていました。しかしながら今思えば、それは起こるべくして起こった必然だったのです。その原因は、「前提」にありました。前提を間違えると、間違った結果へと辿りついてしまいます。

　私が立っていた前提、それは**滞納者は、ルールを守らない愚かな人間である**という認識でした。そう、新人の頃、私は滞納者を見下し、馬鹿にしていたのです。

　表面上は丁寧に接していたつもりでしたが、隠しきれていなかったのでしょう。「なんだ、その態度は！」と相手が激昂することも

多く、まったく滞納整理が前に進まなかったことを今でも鮮明に思い出します。

あれから十数年が経過し、私はさまざまな経験をした結果、**滞納になったのは何か事情があるに違いない。この人はきっと、私と出会ったことで納期内納付者に生まれ変われるはずだ**とポジティブな認識を持つに至りました。前提が変わったのです。

📀 滞納整理現場に「ピグマリオン効果」を

みなさんは「ピグマリオン効果」と「ゴーレム効果」をご存知ですか？　これらは教育心理学における研究結果で、前者は教育者の「期待」によって生徒の成績が上がる、後者は逆に「期待しないこと」によって成績が下がる効果があるというもの。つまり、教育者の期待の有無によって結果が左右される可能性を示唆したものです。

私はこれを応用し、「滞納者に対する期待の有無によって、得られる結果に差が生じる」という仮説を立てて、現場で検証を行いました。

あくまで私自身の検証結果ですが、前提を好ましいものに変えてからのほうが窓口で言い争いになる回数は減り、最終的な滞納整理の実績も向上しました。もしかすると、私の間違った前提が、これまで余計な滞納者を増やしていたのかもしれません。

もしも、みなさんが「窓口等で滞納者とトラブルになってばかりで滞納整理が前に進まない」と感じているなら、一度、前提を見直してみることをおすすめします。

✔ Point

滞納者は「未来の納期内納付者」。
こちらの接し方が変われば、滞納者の反応も変わる。

2 「傾聴」で心のコップを空にする

▶ 滞納者の話に耳を傾けていますか？

　納付折衝がうまくいかない原因の一つに、「このことは伝えないといけない」と、話すべき内容で頭がいっぱいになってしまうというものがあります。こうなると、話の聞き方も上の空で、その様子が滞納者にも伝わり、最終的には「俺（私）の話をちゃんと聞け！」と、滞納者が激昂する結果を招きます。

　「相手の話を聞かない」ということは、極端に言うと、「あなたの話は聞く価値がない＝あなたには価値がない」というメッセージを伝えていることに等しいのです。相手の自尊感情を傷つけ、結果としてその後のやり取りが困難になりがちです。

▶ 滞納者の「心のコップ」に注目する

　そこで、「心のコップ」という概念を学びましょう。心の状態をコップに例えて、その中に入っているものをイメージすることにより、相手との円滑なコミュニケーションを実現します。

　窓口に来る滞納者の「心のコップ」は、怒りや不安といった「負の感情」で満タンになっています。この状態では、いくら伝えたいことがあっても伝わりません。では、どうすればいいか？　中身を

出して、こちらの話が入るスペースを空けてもらうしかありません。

▶ 「傾聴」の後に、言うべきことを伝える

　そのために必要なのが「傾聴」。相手の話をしっかりと聴くカウンセリングの基本です。

　傾聴の技術はさまざまありますが、その中から一つだけ「ペーシング」を紹介しましょう。これは、**相手の話す速度にこちらの反応速度を合わせる**というものです。相手が早口なら、相づちや受け答えを早く、ゆっくりならこちらも遅くします。

　これで、相手がストレスなく自分の言いたいことが言えるので、心のコップにたまっていた負の感情が少しずつ減り、スペースが空いてきます。ようやくこちらが伝える番ですが、あまり欲張らずに項目を2〜3点に絞るとともに、相手から聞いた内容を一部引用するなど、相手が受け取りやすいよう、伝え方を工夫しましょう。

▶ 話の主導権を握る魔法のフレーズ

　もう一つ、相手がマシンガンのように話してきて、いつまでも話の主導権を握れない場合に有効な一言をお伝えします。

　それは、**「あなたの主張について、どれだけ私が理解できているか、確認させてもらってもよろしいですか？」**というもの。それまで聴いた内容を要約し、確認をしていくその作業の中で、会話の主導権はいつの間にかこちらに移っています。試してみてください。

☑ Point

滞納者の主張に対し、丁寧に耳を傾けることが
意外と滞納案件解決の最短ルートだったりする。

3 滞納者の怒りの矛先を「役割」「立場」へと逸らす

▶ 職員も滞納者も感情を持つ生き物

みなさんの中には「滞納者から散々に怒鳴られて腹が立つ」という方もいると思います。我々はロボットではありません。怒りの感情を抱いた自分を、どうか責めずに、認めてあげてください。ただし、その怒りを滞納者にぶつけたところであまりよい結果には繋がらないことも事実であり、うまく受け流す技術を磨く必要があります。

また、滞納者を怒らせてしまったことに対して必要以上に罪悪感を抱く必要もありません。滞納者にとって、お金がなく辛い、やり場のない負の感情をぶつける先として、自治体職員というのはある意味、「ちょうどよい存在」なのです。

もちろん、職員も滞納者も感情を持つ生き物ですから、いつも冷静に対応できるわけではなく、うまくいかないときもあります。

▶ 滞納者が憎むべきは職員ではなく「役割」

そもそもみなさんは、何か個人的な恨みがあって滞納者の財産を差し押さえるのでしょうか？ 答えは、「ノー」ですよね。私たちが滞納整理をし、時に厳しい処分を行うのは、単純に「それが仕事だから」であり、「求められた役割を果たしているだけ」です。

ならば、「滞納金を徴収するのが我々の役割なのです」と伝え、職員個人に向かう滞納者の怒りの矛先を「役割」に逸らしましょう。**「あなたが憎むべきは私ではなく、滞納整理担当者という役割」**。そう、「役割」を犯人にしてしまえばいいのです！

▶ 時には滞納者からも共感される「立場」

　他に滞納者の怒りの矛先を逸らすものとして、「立場」があります。「大半の方が納期内に納付しておりますので、私も立場上、厳しいことを言わざるを得ませんが……」といった使い方をします。人生においては、誰もがさまざまな「立場」に立たされています。もちろん望んで立つ場合もあるでしょうが、望まずに「立たざるを得ない」場合も多いはず。多くの方にとっては、この「滞納整理担当者」という立場も望んで立つものではないでしょう。

　滞納者が普段、望まない「立場」に立たされている場合、こちらの立場に共感してくれることもあります。こうなると、互いの関係性は「徴収する者とされる者」から「望まぬ立場に立つ者同士」へと変わり、滞納整理も比較的スムーズに進みます。

▶ 滞納者を味方にするための共通の仮想敵

　人は、共通の敵をつくることで味方になる心理が働きます。「役割」「立場」を共通の仮想敵とすることは怒りの矛先を逸らすとともに、共に敵に立ち向かう味方、同志になれる一石二鳥の手法です。

✅ Point

滞納者も怒りの落とし所を探している。
「立場」や「役割」を、言い訳の道具として使い倒そう。

4 圧倒的な力の差で
滞納者の戦意を喪失させる

▶ 「戦わずして勝つ」を実現させるための力

　私が考える滞納整理の「戦略」の理想形は、「圧倒的な力の差を示して、相手の戦意を喪失させる」こと。つまり、滞納者に「**この人には勝てそうにない**」、もしくは「**この人の言うことを聞いたほうがよさそうだ**」と感じてもらうことができれば、余計に争うこともなく、スムーズに滞納整理ができると考えます。

　以下に「圧倒的な力の例」をいくつか示します。ぜひ自分なりの「圧倒的な力」を探して、磨いてください。

【図表4-1　圧倒的な力の例】

外見力	「顔に迫力がある」「身体が大きい」等、相手に威圧感を与えることができる
情報収集力	滞納者自身の取引先や家族構成等について、「ここまで知っているのか！　これは勝ち目がない」と、観念してもらいやすい （特に強制徴収債権の場合、強力な権限で情報収集できる）
知　識	「この人、ものすごい知識だな。この人に相談したら、いろいろと問題が解決できるかも」と感じてもらう
優しさ	「今までこんなに優しくされたことはない。この人のためになら頑張って支払おう」と思ってもらう

▶ まずは、「筋トレ」と「読書」

　もしも、「自分には圧倒的な力が足りない」と感じた方がいたら、まずは「筋トレ」と「読書」をおすすめしています。

　北海道池田町にあらゆる債権を徴収率100％に導いた佐藤康敏さんという方がいますが、「筋肉量と徴収率は比例する」という名言を残しています。身体を鍛えることで見た目にも威圧感が出る上に、心にも余裕が生じるとのこと。取り組めば実感できます。

　また、読書は、知識を身につけたり人間を理解したりするために役立ちます。本書の巻末におすすめの書籍を紹介していますので、そちらも参考にしてください。

▶ 滞納者は常に職員を見定めている

　突然ですが、みなさんは「ドラゴンボール」をご存知ですか。

　この作品中に「スカウター」というサングラスのような形の道具が出てきます。相手の戦闘力がわかる便利アイテムですが、滞納者は皆、このスカウターをつけていると思ってください。**滞納整理担当者の戦闘力は相手から丸見え**ですから、こちらが新人で戦闘力が弱いと見るや、滞納者が牙をむくわけです。

　ちなみに、このスカウターは計測対象者の戦闘力が異常に高いと爆発します。そう、まさにこの状態こそが「圧倒的な力の差」で戦意が喪失する瞬間のイメージです。相手のスカウターを爆発させるぐらいの圧倒的な力を身につけるべく、日々、努力を重ねましょう。

> ### ☑ Point
> 誰にでも、他者を圧倒できるだけの力がある。
> 自分なりの「圧倒的な力」を探して、磨きをかけよう！

5 滞納整理という仕事に価値を見出す

▶ 私の考えを変えた、ある「出会い」

　私が他の自治体から研修講師を頼まれた際は「滞納整理の価値と戦略」というテーマでお話をすることが多いです。このように滞納整理の価値を語り出したのは、ある出会いがきっかけです。

　その出会いは、『ほめる生き方』（マガジンハウス）という一冊の本から始まりました。著者は、「一般社団法人　日本ほめる達人協会」理事長の西村貴好氏。「ほめる」というと、お世辞やおべんちゃらを思い浮かべる人もいると思います。その本の中では、「ほめる」という言葉が**ほめる ＝ 人、モノ、起きる出来事に価値を見出して伝える**と新しく定義されており、新しいほめるを実践する、「ほめる達人」として生きてみませんか、という提案がなされていました。

　私はこの考えに深く共感し、「よし、自分は一般的に嫌われ、敬遠される滞納整理という仕事にも価値を見出して伝える人間になろう！」と決意したのです。なお、私はこの出会いから３年後、半年間の講座を受講し、同協会の認定講師になりました。

　すべての物事は多面体であり、どこに光を当てるかで、見え方が180度変わります。滞納整理は「滞納者から怒鳴られる辛い仕事」であると同時に、「滞納者の課題を解決し、人生を好転させる尊い仕事」でもある。せっかくなら価値の部分に光を当てたい所です。

▶ 滞納整理を、ほめてみる

突然ですがここで問題です。

【ほめ達！検定滞納整理バージョン】
「生活が苦しい！　払えるわけがないでしょう！」と、滞納者から怒鳴られました。これは、何のチャンスでしょう？

（参考：ほめ達！検定３級問題４）

これは、一般社団法人　日本ほめる達人協会が主催する「ほめ達！検定」３級の問題４を滞納整理バージョンにアレンジしたものです。

問題４のテーマは「これは、何のチャンスでしょう？」。一見するとピンチに思えるような状況にも価値を見出してみるという、発想転換力が試される問題です。

「怒鳴られることがチャンスになるのか？」と疑問に思われた方もいるかもしれません。

滞納整理において私たちを悩ませるのが、感情的になった滞納者からの怒鳴り声や罵詈雑言です。大人になった今、日常生活において人からこれだけ全力で感情をぶつけられることも滅多にないですから、戸惑いますよね。ただ、「これも何かの機会」と捉えることができたなら、滞納整理の仕事はチャンスで溢れています。

次項で参考解答例を示しますが、まずはみなさんご自身がこの問題としっかり向き合い、自分なりの答えを導き出してください。一度、本を閉じて、集中して取り組んでもらえると嬉しいです。

制限時間は２分間です。それでは、始めてください。

✓ Point

「人に価値を見出だす」という観点から
滞納者のよい所を探すことにも挑戦してみよう。

6 「怒鳴り声」の、 その先にあるもの

▶ 怒鳴る＝「困っている」サイン

　みなさん、ほめ達！検定に取り組んでいただき、ありがとうございました。では、今から参考解答を３つ、お伝えします。

　まず、「怒鳴る」という行動の裏には、何かしらの理由があります。滞納整理の場合、その多くは金銭的な問題に帰結しますが、ただ怒鳴っているのはなく、「困っているから、怒鳴らずにはいられない」状態にあると捉えてみましょう。「自分は大声で怒鳴られている」というその一点に支配されるのではなく、「**この人はどうすれば、怒鳴らずに済むのだろう**」と分析することを心がけてください。

　具体的には、「死ねということか！」といった感情的な言葉に過剰に反応するのではなく、「そのようなことは申し上げておりません。何に困っているか、教えてもらえませんか？」と、滞納の原因を聞いたり、丁寧に収支状況を聞き取ったりすることが大切です。

　私もこの意識を持つようになってから、怒鳴られたときに必要以上に怯えたり傷ついたりすることなく、滞納整理を進めることができるようになりました。そして、滞納者が抱える課題が解決され、完納に至った後に「最初は怒鳴ってごめん。悔しい、苦しい、情けない……いろいろな負の感情が押さえきれずに、あなたにぶつけてしまった」と、謝罪されたことがあります。

私が「大丈夫。怒鳴られるのも仕事ですから」とお伝えすると、「ありがとう」と、笑顔で帰られました。

このような成功体験が積み重なると、段々と「怒鳴り声」の、その先にあるストーリーの結末が楽しみになってきます。もちろんハッピーエンドばかりではありませんが……。

▶ 同じ「辛い」経験をした人と仲間になれる

初対面の人でも地元が一緒だったり、共通の趣味があったりすると一気に親近感がわいて仲良くなりますよね。同じように、窓口や電話口で怒鳴られた経験を持つ人同士の間には、強い「仲間意識」が生まれると感じます。私は、全国どこに行っても滞納整理担当者の方とは、老若男女問わず数秒で仲良くなれる自信があります。

▶ ピンチを救えたなら、「ヒーロー」になれる

このチャンスを教えてくれたのは、元北海道幕別町職員の岡田篤さん。もともと一級建築士の資格を持つ技術職員だった岡田さんは、突然滞納整理現場に異動となります。慣れない仕事に戸惑い、周囲にも迷惑をかけて苦しんでいたある日、滞納者が怒鳴り込んできました。「土木の窓口には気性の荒い人がよく来るので免疫があった」そうで、ひるまず堂々と対応され、皆のピンチを救ったヒーローになりました。みなさんも本書を通じてピンチをチャンスに変えられる力を身につけてください。

> ☑ **Point**
> 怒鳴る相手を見るのではなく、怒鳴る原因を見る。
> その人のどこに「トゲ」が刺さっているのかを探そう。

滞納者を責めるのではなくほめてみよう

▶ イノベーションは「斬新な組み合わせ」から生まれる

　前項で紹介した岡田さんから、ある時「ウイスキーメロン」というメロンの食べ方を教わりましたが、衝撃的な美味しさでした。

　このように、イノベーションは、「斬新な組み合わせ」から生まれます。怒鳴り声や罵詈雑言が飛び交う殺伐とした滞納整理の現場に「ほめる＝人、モノ、起きる出来事に価値を見出して伝える」という要素を組み合わせたことで、従来の滞納整理にはなかったアプローチが生まれました。その事例を2つ、お伝えします。

▶ 「責める」のではなく、「ほめる」

　もしも、滞納者を責めることでお金を払ってくれるなら、役割を果たすために心を鬼にして責めるのもやぶさかではありませんが、責めたところで返ってくるのはお金ではありません。「反発」です。

　私は、「ほめる＝相手の価値を伝える」という観点から、滞納者の望ましい行動に光を当てていました。例えば、「滞納を放置せず相談に来てもらえてうれしい」「これだけ滞納があるということは稼ぐ力があるということ。時期は遅れたけれど、たくさん納めてく

ださってありがとうございます」「あなたが納めた税金で救われる人がいます」といった言葉かけです。

できる限り滞納整理に前向きに取り組んでもらえるように、窓口や電話口でこうした前向きな言葉を散りばめました。

もしもあなたが滞納者だとしたら、過去の過ちを責める職員と、ほめて明るい未来を感じさせてくれる職員、どちらがいいですか？私なら絶対に後者なので、なるべくそのように対応しています。

▶ 手を「ほめて」滞納者の心を動かした話

「あんた、いい手をしてはるなぁ」

これは、私が師と仰ぐ、「京都地方税機構」の立ち上げに貢献した、伝説の職員、大槻光さんのセリフです。

いつも納期限内に払わない女性がいました。「遅れてでも支払うから！」と窓口で職員を怒鳴りつけ、滞納を繰り返す常習犯です。

対応した大槻さんは、女性の汚れた手を見ておもむろに冒頭の言葉を呟きました。「この手は、毎日一生懸命仕事している人の手や。わかりました。納期限は過ぎたが、差押えをせず待ちます。あんたが怒鳴るから待つんやないで。その手を信じて待つんです」

この言葉を受けた女性は「そんなこと、初めて言われました」と、涙し、その後は納期内納付者になったそうです。

奇しくも私が「ほめ達！」と出会った平成25年、大槻さんは若くして逝去してしまいました。その教えを受け継ぐ者の一人として、このエピソードと共に「ほめる」滞納整理を広めたいと思います。

✓ Point

「約束通りに納付していただきありがとうございます」などと事実に基づいてほめるのが効果的。

8 「厳しい処分」に 躊躇しないためのヒント

▶ 「厳しい処分」との向き合い方

　差押えや裁判手続など、厳しい処分の必要性はわかっていても、「相手を苦しめるようで躊躇してしまう」「反発が怖くて、一歩を踏み出せない」という方も多いのではないかと思います。

　私自身、滞納者から心ない言葉を浴びせられて泣くような人間だったので、そんな私が今まで厳しい処分とどう向き合ってきたかをお話することが、みなさんにとってのヒントになるかもしれません。

　私が平成18年度に市役所に入庁し、配属された保育料徴収の現場では、「差押えは伝家の宝刀」と教わりました。奥の手であり、すぐに抜いてはいけないと言われ、滞納者から侮辱されたり、罵詈雑言を浴びせられたりしても、ただただひたすら耐える毎日。いつしか怒鳴られる恐怖は、段々と「なぜこんなに理不尽な目に合わなければいけないのか」という怒りに変わり、蓄積していきました。

　ですから、当時の課長に「納税課職員から差押えを教わるように」と言われた時には内心、「これで仕返しができる！」と思いました。今でこそ「滞納整理は川を綺麗にする仕事」だなんて偉そうなことを言っていますが、私は最初、復讐のために差押えを学んだのです。ほめられたものではありませんが、爆発的なモチベーションでした。

▶ 差押えの効果は絶大

　最初は怒鳴り込んできた滞納者の言いなりになって、本来してはいけない差押解除をするといった有り様でした。ただ、改善しながら続けることで結果が伴ってきます。特に今まで厳しい処分をしてこなかった部署や組織では反発もありますが、その分効果も絶大です。

　私の場合、数万円の預金を差し押さえた結果、数十万円の一括納付に繋がったり、学資保険の解約返戻金を差し押さえたことで分割納付の不履行を繰り返していた滞納者が約束通りに完納したりと、「お願い徴収」の頃には考えられなかった結果が出ました。

▶ 「やりがい」が、負の感情を上回る

　最初は復讐心から始めた厳しい処分でしたが、「結果が出る」ことにやりがいを感じ、そのやりがいが、恐怖や憎しみを上回るようになりました。必要以上に滞納者を敵対視することもなくなり、ある意味、「無敵」ともいえる心境に辿り着いたのです。

　最後に、改めて私の経験からお伝えしたいのは、「**法律が求める厳しい処分から逃げずに向き合ってほしい。そして最初からうまくいかなくても諦めずに挑戦し続けてほしい**」ということです。

　不安や恐怖、怒りや憎しみといった負の感情からのスタートであっても構いません。前を向いて小さな成功体験を積み重ねたその先に、負の感情を忘れてしまうほどのやりがいと結果がもたらされると思います。その瞬間を楽しみに、日々の挑戦を続けましょう。

☑ Point

誰もがいきなり「厳しい処分」ができたわけじゃない。
いろいろな人の「やりがい」を聞いて、参考にしよう。

9 滞納者の言い分に振り回されない

▶ 差し押さえられた責任は滞納者自身にある

　口座預金や給与を差し押さえたときに、「もし、これが原因で家族が路頭に迷ったら（会社を辞めることになったら）、お前は責任を取れるのか！　今すぐに差押解除しろ！」と怒鳴ってくる滞納者がいます。このように責め立てられるのが嫌で、なかなか差押えに踏み出せない方もいるのではないでしょうか。

　これに対しての答えは、誤解を恐れずに言うならば、「もしも滞納がなければ、もしくは滞納があっても速やかに相談に来られて納付誓約し、その通り納付していたならば、差押えをすることはありませんでした。納期限を守らず、かつ滞納を放置する選択をしたのはあなたですから、責任を取るのは私ではなくあなたです。申し訳ありませんが、法律に基づかない差押解除はできません」ということになります。もちろん、表現はもう少し柔らかくしてください。無駄な争いを生じさせることになりますので。

　滞納整理における「責任を取れ」といった類の言いがかりは、だいたいこのロジックで片づきます。相手の剣幕に負けて、法律に基づかない差押解除をしてはいけません。怖くて言い返すことができない場合は、黙って首を横に振るだけでも結構です。

　人生は無数の選択肢から成り立っています。その時その時にどち

らを選択するのか、ということについては、人生の主人公たるその人自身が決定するものであり、誰も代わりに選ぶことはできません。当たり前のことですが、ここをしっかりと押さえておけば、滞納者が苦し紛れに行う責任転嫁に右往左往することはありません。

▶ 滞納者に応じて複数の対応を用意する

　以前、「滞納者から裏切られ続けて、心が折れそうです」という相談を受けたことがあります。

　同じ経験を持つ私は次のようにお伝えしました。「滞納整理担当者が真摯に滞納者と向き合ったとして、その思いに応えるかどうかは滞納者が選択することであり、こちら側でコントロールできるものではありません」と。

　時には約束を破られたり、嘘をつかれたりして、「滞納者に裏切られた」と感じる場面があるかもしれませんが、人は完全ではない、「弱い生き物」なのです。もしも私が滞納者だったとして、家族や友人など大切な誰かを守るためなら、他人である職員にやむを得ず嘘をつくこともあると思います。みなさんは、いかがですか？

　私たちができるのは、そうした深い人間理解の上に立ち、滞納者の選択に応じた複数の対応を用意すること。**相手を信じて、可能性に期待するとともに、「もしも約束が守られなければ、厳しい処分を行う」**という、滞納整理担当者としての役割を果たすための覚悟を併せ持つ必要があるのではないでしょうか。

 Point

　厳しい処分について、
　「滞納者の選択の結果」と割り切ることも必要。

10 心身を守るための 護身(心)術を学ぶ

▶ 傷つかなければ敵はいない

「怒鳴ってくる滞納者が怖い、もう傷つきたくない」

こう思ったことはありませんか？　私自身、滞納整理を始めた頃からずっと悩んでいました。そして、長年悩み続けた末に、「相手がどうであれ、**自分が傷つきさえしなければ敵はいない。つまり、『無敵』ってことじゃない？**」という自分なりの答えに辿り着きました。

私は、「敵」というものを「自分に危害を加える者」、より平たく言うと「自分を傷つける者」と定義しています。この定義を踏まえた上で、もしも相手が自分を傷つけるつもりで攻撃してきたとして、自分が無傷であれば、実質的な危害は加えられていないわけですから、その相手は結果として「敵」ではありません。したがって、敵はいない。禅問答のようですが、私にとってはとても重要な「発見」でした。

つまり、「**自分が傷つかなければ、すなわち無敵である**」これを前提として話を進めます。

なお、ここでいう「傷」とは、物理的・肉体的な傷だけではなく、精神的な心の傷も含みます。身体も心も傷つかないための護身(心)術を学びましょう。

▶ まずは物理的な危険性から身を遠ざける

「本当の護身術とは、危険に遭ってから対処するのではなく、危険を察知して避けること」。私の尊敬する心身統一合氣道会の会長である藤平信一先生の言葉です。ここでも「予防」の観点が生きてきます。

万が一のときに備えて自分の身を守るために、私は以下のようなことに気を付けており、同僚や後輩にも伝えていました。みなさんも参考にしてください。

- ○　滞納者と二人きりで個室に入らない
- ○　滞納者に近づきすぎない（急に手が伸びてきたときや物を投げられたときに避けられる程度の距離を取る）
- ○　暗い夜道を歩くときは、時々振り返るなど周囲を警戒する
- ○　電車やバスを待つときはホームや車道ギリギリには立たず、なるべくベンチに座り、背中に壁がある状態で待つ
- ○　いざというときに走って逃げられるように走りやすい靴を履く
- ○　捜索時に警察官の立会いを依頼する
- ○　身体を鍛えておく

こうして「自分の身を守る」ことが、結果として「犯罪者を生み出さない」ことにも繋がります。「魔が差す」という言葉もある通り、一時的な感情の高ぶりが突発的な暴力に結びつくことがあります。**そのような事態に備えておくことは、自分が傷つかないだけでなく、相手を傷害罪等の犯人にしないことにも繋がります。**

✅ Point

特に、滞納者と二人きりにならないといった、
物理的な距離感に注意しよう。

11 「心の胃袋」理論で 罵詈雑言から心を守る

▶ 身体は食べたものでつくられる。では、心は？

「身体は食べたものでつくられる。心は聞いた言葉でつくられる。未来は話した言葉でつくられる」

これは、日本屈指の玩具コレクターであり、テレビ番組「開運なんでも鑑定団」でも活躍されている北原照久さんの言葉です。

この2つ目の「心は聞いた言葉でつくられる」という言葉に注目してみましょう。「心の胃袋」という心をつくるための架空の臓器があるとします。みなさんは心の胃袋に入れる言葉を、適切に選んでいるでしょうか？

私たちは、身体をつくる「食べ物」を選ぶとき、まずは、その食べ物が腐っていないか、毒や過剰な食品添加物など、身体にとってよくないものが含まれていないかを入念にチェックします。また、実際に食べるときにも何か異変があれば吐き出す機能が備わっています。

▶ あなたは躊躇なく、毒を食べますか？

一方、心をつくる「言葉」に関して、私たちはどこまで注意を払い、安全に心が構成されるよう配慮できているでしょうか。

例えば、窓口や電話口で滞納者から浴びせられる心ない言葉を、

そのままなんのチェック機能も設けず、直接、心の胃袋に放り込んでいませんか？　滞納者からの罵詈雑言をそのまま受け取り、心を傷つけてしまうことは、得体のしれない食べ物を躊躇なく食べることと同じではないでしょうか。

▶ 心の食中毒を防ぐワクチンを開発する

　心が傷つく、いうなれば「心の食中毒」を防ぐためにも、私はまず言葉を「チェックする」ことをおすすめしています。そして、心の胃袋の強度と相談しながら、取り入れるかどうかを決める。食中毒を起こしそうな場合は、その言葉を躊躇なく捨ててください。

　例えば、「学資保険を強制解約するなんて、子供の未来を奪う行為です。あなたには人の血が流れていないのですか？」と言われたとします。その時、その言葉をそのまま取り入れて、「自分はひどい人間だ」と自己嫌悪に陥る必要はありません。「私は、役割を果たしただけ。ひどい人間ではない」と、受け流せばいいのです。

　また、あまりにもひどい「ウイルス」のような罵詈雑言は、あえて「保管」します。ワクチンは、ウイルスから精製されることをご存じですか？　強烈な罵詈雑言を、時間をかけて少しずつ取り入れることで、心に抗体が作られます。

　例えば、「お前ら税金で飯食ってるくせに！」といった感情を揺さぶられるような強い言葉については、「こういうことを言われるのか」と、普段から心の準備をしておきましょう。実際に言われたときの心のダメージをやわらげることができます。

☑ Point

罵詈雑言をノートにまとめてコレクションするのもおすすめ。
客観的に見ることで、恐怖をやわらげる効果あり。

12 傷ついた心のための回復薬を常備しよう

▶ 心を回復させるプライベートの過ごし方

　日々、滞納者から投げかけられる言葉は千差万別であり、どうしても立ち直れないと思うような場面も出てくるかもしれません。

　そこで、「心の回復薬」とでも言うべき対処法を複数常備しておくことをおすすめします。心が傷つかないよう徹底的に予防した上で、それでも傷ついたなら早期対応しましょう。

　以下に私の心の回復薬を紹介します（**図表4-2**）。さまざまなタイプの対処法があるのが望ましいと思います。また、「人が真に癒されるのは、他人を癒したときである」という言葉もあり、自分の心が辛いときに、人にプレゼントを贈ることも効果的です。

【図表4-2　著者の心の回復薬（心が辛いときの対処法）】

趣味	読書、漫画、音楽を聴く、料理、動画視聴（YouTube）、ライブに行く、美味しい食事とお酒、掃除
身体	筋トレ、サッカー、ダンス、カラオケ、髪を切る、寝る
人	家族と過ごす、親孝行をする、仲間に話を聞いてもらう、Facebookグループ・オンラインサロンでの交流
その他	人にプレゼントをする、名言・格言集を見る

▶ 最強の心の回復薬は「仲間の存在」

　私にとって最強の心の回復薬は「仲間の存在」でした。LG net という、普段はオンライン上の掲示板で意見交換を行い、年に1回全国どこかに集まって大規模な研修会を開催するグループがあります。ここで出会った仲間との繋がりが私を支え、成長させてくれました。「次に会える時はもっと成長した自分を見せられるように」という気持ちが、一年分の原動力になっていました。

　今はインターネットの普及もあり、全国で同じく滞納整理をしている仲間と繋がりやすくなっています。参考に、私が関わっている公務員が参加できるグループをいくつか紹介します（**図表4-3**）。

【図表4-3　自治体職員向けグループの例（2021年4月時点の情報）】

LG net（ローカルガバメント・ネットワーク）	主に滞納整理関係の職員が加入。普段はオンライン上の掲示板で意見交換し、年に1回研修会を開催。現会員からの紹介が必要（無料）
オンライン市役所（byよんなな会）	全国の地方公務員・国家公務員が交流。興味のある課に分かれて意見交換や情報共有を行っている。現役の地方・国家公務員が参加可能（無料）
ほめ達！公務員Facebookグループ	筆者が主催。人、モノ、起きる出来事に価値を見出す「ほめ達！公務員」を全国に増やすべく活動。原則として現役又は元公務員が参加可能（無料）
地方公務員オンラインサロン（by HOLG）	首長や著名人によるオンラインセミナーや会員同士の交流など、学びと人脈が自宅で手に入る。現役の地方公務員が参加可能（有料）

☑ Point

お取り寄せグルメや少し高価なお酒など、
「自分への小さなご褒美」を用意しておくこともおすすめ。

COLUMN 4 人の限界を、勝手に決めてはいけない

　私が直接指導した、「弟子」と呼べる存在のKさんの話です。新人で配属されたのが滞納整理の専門部署で、最初はあまりの不安に顔が青ざめていた彼女でしたが、「大丈夫。きっとできるから」と可能性を信じて伝えた教えを、素直に実践してくれました。

　そんなKさんが担当したのが、これまで散々調査をしても財産が見つからない滞納者。捜索して財産がなければ欠損予定の案件です。私は、窓口の裏で初めての納付折衝をこっそり聞いていました。

滞納者「なんや、担当者が代わったんかいな。えらい若いやんか」
Kさん「はい、よろしくお願いします！　岡元から事情は伺っております。苦しいご事情は十分に理解していますが、改めて一括納付をご検討いただけませんか？」

　すると、今まで「払えない」の一点張りだった彼から衝撃の一言。

滞納者「まぁ姉ちゃんが言うんやったら、ちょっと考えてみるわ」

　えぇっ！　本当に!?　私は耳を疑いましたが、1か月後、彼は本当に一括納付しました。理由は定かではありませんが、新人のKさんのひたむきさが彼の琴線に触れたのかもしれません。私は「どうせ払えない」と高を括り、滞納者の限界を勝手に決めていた自分自身の態度を猛省しました。

　その後もKさんは私が解決できなかった案件を次々と完納させ、頼れるエースへと成長してくれました。みなさんも人間の可能性を信じて、人や自身の限界を勝手に決めないように気を付けましょう。

5章

さらにもう一歩！
滞納整理の極意

「費用対効果」「説明責任」「経営資源」のバランス

▶ 費用対効果を高めることは法定義務

5章では、私が考える「滞納整理の極意」についてお伝えします。まずは、3要素のバランスを取る話から始めましょう。

地方自治法2条14項は、「地方公共団体は、その事務を処理するに当つては、住民の福祉の増進に努めるとともに、**最少の経費で最大の効果を挙げるようにしなければならない**」と定めています。費用対効果、つまりコストパフォーマンスを上げることは、法定義務です。この規定は、覚えておいて損はありません。

そして、この「経費」と「効果（＝回収額）」だけで単純に考えた場合、「職員の人件費 ＞ 滞納額」となるような少額案件は「費用対効果が低いから、欠損処理するのが合理的」となります。

▶ 納期内納付者への説明責任がある

確かに、「1円も無駄にしない」という費用対効果の視点は非常に大切ですが、この側面だけに捉われてはいけません。なぜなら、私たちには、さまざまな事情がありながらも納期内に納付してくださる方々に対して説明責任を果たす必要があるからです。

納期内に納付している方からすれば、「納付せずになんのペナル

ティも受けない人がいるなんて、不公平だ」と感じるのは当然です。そのような方々に対して、「費用対効果が低いから、何もせずに欠損処理しました」なんて、とてもじゃないけど言えませんよね。

　私は、納期内に納付してくださる方々は、お金だけでなく「役所の人はちゃんと仕事をしてくれるだろう」という「信頼」や「期待」も同時に預けてくださっていると考えています。そうした方々に対して「放置せず、適切に対応しています」と答えたいところです。

● とはいえ、経営資源は限られている

　とはいえ、私たちの経営資源（ヒト、モノ、カネ）には限りがあります。限られた人員、限られた時間、限られた予算という制約条件の下で滞納案件に対応していかなければなりません。

　まとめると、**限られた経営資源を活用して、納期内納付者への説明責任を果たしながら、費用対効果を最大化する（＝徴収額を増やす）必要がある**ということです（図表5-1）。

　なかなか難しいミッションに思えますが、これら3要素のベストバランスを達成するための鍵があります。そのうちの一つ、滞納整理の戦略について、次項で紹介したいと思います。

【図表5-1　3要素のバランス】

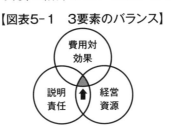

☑ Point

難しいミッションだが、そのバランスを探る中で
滞納整理担当者としてだけでなく公務員としても成長できる。

2 滞納整理における 最大の戦略は予防にあり

▶ 戦略の定義は「戦い」を「省略」すること

まず、滞納整理における「戦略」を、「余計かつ無益な『戦い』を『省略』することで、貴重な経営資源を損なわずに目的を達成するためのもの」と定義します。これは有名な中国の古典「孫子の兵法」を参考にしており、「戦わずして勝つ」が基本理念です。そして、この理念を象徴するのが、「百戦百勝は善の善なる者にあらざるなり。戦わずして人の兵を屈するは善の善なる者なり」という言葉。要は、百回戦って百回勝つのは最善とはいえず、戦わずに相手を降参させるほうが最善だということです。

▶ 滞納整理における「理想の状態」とは

この言葉を滞納整理に適用してみましょう。

百回差押えをして、百回捜索をして、百回裁判をして、それらすべてを成功させることもすごいことですが、「そうした手続を取る必要がない」のが最善だということ。そう、**滞納整理における理想の状態は、「100％納期内納付」**です。

夢のような話と思うかもしれませんが、その鍵を握るのが、「予防」です。一緒に、そのギャップを埋めていきましょう。

▶ 2種類の「予防」を意識しよう

「予防」には、2種類あります。

まずは、新たな滞納者を生み出さないための「予防」です。私の経験上、望んで滞納する人はいません。中には単純な知識不足が原因で滞納に陥る人もいます。もし、「今年の収入が来年度の市民税や国民健康保険料に影響する」といった**知識を提供することで滞納を防げる**なら、提供すべきではないでしょうか。

その意味で金融教育や納付啓発は非常に重要です。納入通知書を送る前から、滞納整理の戦いは始まっているのです。

例えば、滞納に繋がる多重債務の問題について相談窓口を設けたり、広報やポスター・チラシ等を通じて情報提供をしたりするといった対策が考えられます。

もう一つは、滞納者を納期内納付者に導いた後の「再発防止」。滞納になってしまったものは仕方がないとして、**一日でも早く滞納から脱してもらい、二度と滞納させない**ことが大切です。

再発防止には主に2つの道があります。一つ目は滞納者が抱える課題を解決することで感謝され、「今後は、この人のために支払おう」と思っていただくこと。

2つ目は、差押え等の厳しい処分を通じて、「二度とあんな思いはしたくない」と心に誓っていただくことです。

これらの「予防」を、しっかりと意識してください。

☑ Point

滞納者が未来の納期内納付者であることを考えれば、
余計かつ無益な戦いは全力で避けるべきである。

3 「鮮度」が徴収率を 大きく左右する

▶ 早期対応が鉄則

　どれだけ予防に力を入れても、残念ながら新たな滞納が発生してしまうのが現実です。当然、この「新たに発生した滞納」についても対応していく必要がありますが、その際の鉄則は**早期対応**。一日でも早くアプローチすることが大切です。

　みなさんも「鉄は熱いうちに打て」「風邪は引き始めが肝心」といった言葉を聞いたことがあると思いますが、滞納整理においても同様に、「スピード」が結果を大きく左右します。

　私が所属していた滞納債権整理回収室という部署では、庁内のさまざまな債権の徴収担当者が「対応困難」「これ以上の徴収が見込めない」と判断した案件の滞納整理を任されていました。

　そのような案件でも専門性を磨き、なんとか徴収していくわけですが、それでもやはり限界があります。なぜなら、**滞納案件は滞納したてが一番徴収しやすい**からです。

　各担当課において、手を打てずに時間だけが経過するにつれて、滞納者の財産が処分されるなどして、どんどん徴収するのが困難になっていきます。滞納発生から一定の期間が経過し、滞納債権整理回収室に案件が来たときにはもう、「徴収不能」の状態になっていることも珍しくありませんでした。

▶ キーワードは「鮮度」

　唐突ですが、滞納案件を「魚」に例えてみると、早期対応の重要性がよく理解できると思います。魚は、「鮮度」が命。鮮度の低い魚は生では食べられません。必ず加熱の手間をかける必要があり、劣化がひどい場合はなんとか食べる部分を探して、残りは廃棄せざるを得ない。発生から一定期間が経過した滞納案件はまさにこの状態で、同じだけの力を尽くしても徴収できる金額には雲泥の差が生じます。

　特に早期対応の重要性を実感するのは法人の倒産案件です。法人の倒産時には、一般的に金融機関の借入金や取引業者の買掛金（未払金）、他の官公庁の滞納税などが残っており、複数の債権者、つまり我々にとっての競合者が存在します。したがって、「この法人は、倒産するかもしれない」という情報を掴んでからの対応が遅れれば、競合者に先を越され、滞納金を徴収できなくなる恐れがあります。

　私自身、早期に動いて債権差押ができて完納に至った事例もあれば、主要財産はすべて国税局や他の自治体に差し押さえられ、いくつかの動産のみ差し押さえて公売し、滞納残金はやむなく欠損処理した事例もあります。

　この「早期対応」についてはみなさんが扱う債権の種類に関わらず徴収率に大きく影響します。催告、財産調査、差押え等、あらゆる行動について早め早めに対応しましょう。特に高額案件については情報を掴んだら上司に報告し、いざというときにすぐに動けるようにしておくことが大事です。

☑ Point
　素早い対応は、時に高度な知識にも勝る。
　知識や経験が少ない初心者のうちは特に意識しよう。

4 Give, Give, Give!
「与える」職員になれ！

● 「取る」「奪う」ではなく、「与える」

徴収とは読んで字のごとく「取る」「奪う」ものですが、ここでは「与える」という対極にある行為について考えてみましょう。

人は他人から何かしらの施しを受けた場合に、お返しをしなければならないという感情を抱きます。これを「**返報性の原理**」と言い、私の経験上、滞納整理の現場においてもこの心理は存在します。

あなたが金銭的余裕のない滞納者であるとして、「自分から奪うだけの人」と「自分のことを救おうと汗をかいてくれる人」、どちらのためにお金を払いますか？ きっと前者ではないはずです。

では、滞納整理担当者は滞納者に何を与えることができるのでしょうか？ それは**知識と安心感、そして危機感**です。

● 滞納者に知識と安心感を提供する

単純に「知識」がないだけで滞納に陥る人が一定数おり、そうした方への**知識提供やサポートは、滞納と戦うための武器を与えることになります**。例えば、携帯料金を安くする方法を教えたり、多重債務の相談に乗り、専門家と連携して借金を解消したりするといったことが考えられます。

114

また、知識は安心感へと繋がります。不安でエネルギーが枯渇した人は満足に行動を起こすことができません。知識に伴う「安心感」が滞納者のエネルギーを生み、新たな経済活動に繋がって滞納返済の原資を生み出すきっかけになるかもしれません。

▶ 滞納者の役に立てることを10個挙げられるか

「与える」という点において、私が師と仰いでいるのが富裕層専門のファイナンシャル・プランナーである株式会社オフィシャルインテグレートの江上治社長です。江上社長はお客様と会うときには必ず、「その人に対して自分が役に立てることを最低でも10個は考える」とのこと。その徹底した「与える」マインドで顧客から高い評価を得て、多数の契約と同時に信頼をも獲得しています。

例えば、今までのやり方ではうまくいかなかった案件について、このような徹底的に「与える」という新しいアプローチを試すことで違った結果に繋がるかもしれません。

▶ 「危機感」を提供することもまた、優しさ

安心感とは真逆になりますが、滞納を放置する方に対し、あえて心を鬼にして、「このままでは厳しい処分をせざるを得ません」と、厳しい姿勢を示し、**危機感を提供することも時には必要**です。

実際、完納した時に、滞納者に「あの時、厳しく対応してもらって結果的にはよかったです」と言われることもありますから。

☑ Point

「与える」という視点は滞納整理における革命である。
今まで解決できなかった案件があるなら試してみよう！

5 ワンオペ担当者に必要な「巻き込み力」

● 「ワンオペ担当者」のあなたへ

　保育料、給食費などの債権の滞納整理は、担当者が1名だけという状況も多いと思います。しかも、その1名についても滞納整理に専念できるわけではなく、他の複数の業務をこなしながら滞納整理もしなければならないという状況かもしれません。このような「ワンオペ担当者」が全国にたくさんいるものと思われます。

　もしかすると、あなたもそのうちの一人かもしれません。「前任者と入れ違いで担当になったので、ろくな引き継ぎを受けていない」「わからないことがあっても、周りに相談できる相手がいない」といったさまざまな問題、悩みがあるのではないでしょうか。

● こまめな報告で「巻き込み力」アップ

　そんなあなたに身につけてほしいのが「巻き込み力」。周囲の人々を巻き込んで、味方につける力です。どんなに優秀な人でも一人でやれることには限界があります。うまく周囲の力を借りましょう。

　私が専任で保育所保育料の滞納整理担当をしていた頃、周囲を巻き込むために行っていたことを挙げてみます。

　○　上司にこまめに現状報告をする。困っていることを話す

○ 毎月、公立保育所長に対して滞納状況と担当者の思いを綴っ
たメモを提供。時には所長会に出席して協力要請を行うことも
○ 納税担当のベテラン職員に教えを請う
○ 全国の滞納整理担当者が集う自主勉強グループ「LG net」
に参加し、他の自治体の仲間に悩みを相談する

大切なことは**こまめに情報共有をして、どのように困っていて、
どんな風に協力してほしいかを明確に示し、「助けてもらいやすい」
ようにする**こと。例えばあなたが給食費・学校諸費の滞納整理担当
者だとしたら、毎月1回10分間でもいいので、現在の滞納状況を校
長・教頭先生と共有する機会を設定するといった工夫が重要です。

▶ 周囲をヒーローにする言葉を使おう

「忙しそうな先輩や同僚、他自治体の職員に迷惑なのではないか」
と、力を借りることをためらってしまう方もいるかもしれません。
ただ、都合の良い捉え方をすれば、困っているあなたを誰かが助け
た瞬間、そこに新たなヒーローが誕生するといえます。

ポイントは周囲のヒーローが気持ちよく自分を助けてくれるよう
な言葉（「ありがとうございます」「助かりました」「おかげでうま
くいきました」）を使うことです。ぜひ、参考にしてみてください。

改めて、あなたは一人ではありません。庁内外には困ったあなた
を助けてくれるたくさんのヒーロー及びヒーロー予備軍がいます。
ぜひ、その人たちを巻き込み、「チーム」で滞納整理してください。

✓ Point
近隣自治体で同じ仕事をしている人と仲良くなって、
積極的に情報交換をするのがおすすめ。

6 「滞納整理」の枠を越えろ!

▶ 捜索 × 児童福祉

　ここでは、**滞納整理担当者が滞納整理以外の分野にも良い影響を与えた事例**を紹介します。

　まずは私が心から尊敬する自治体職員の一人であり、これまで延べ200件以上の捜索を経験した捜索のスペシャリスト、北海道倶知安町職員の柏木將徳さんの事例です。

　柏木さんが捜索予定の滞納者を調査中、児童福祉担当課の保健師さんから「最近、滞納者の妻が出産したのに乳幼児健診に来ない。子どもの様子が心配」という気になる情報提供がありました。

　そこで、捜索時の補助者として保健師さんに同行してもらって、滞納者の生活状況の確認に加え、乳幼児の健康確認も併せて実施。捜索という権限を使って子どもの命を守る、素晴らしい取組みです。

▶ 不動産公売 × 地域産業活性化

　新潟県阿賀町職員の上田宏幸さんが取り組んだ不動産公売も滞納整理の枠を越え、地域産業の活性化に寄与するものでした。

　不動産を差押えた後、長期間放置され、いわゆる「塩漬け」状態になっていたゴルフ場がありました。滞納税に優先する抵当権の被

担保債権が数十億円あり、未登記の建物もあるなどさまざまな問題を抱えており、誰もがこの案件を諦めていましたが、上田さんはこれらに真正面から向き合い、必死で勉強して一つ一つ、丁寧に問題を解決していきました。最終的には1億7561万円という破格の公売に成功します。その後、ゴルフ場は別の事業に活用され、新たな産業と雇用を生み出す結果となりました。一人の滞納整理担当者の熱意が、地域経済に好影響を与えた誇るべき事例です。

▶ 不動産公売 × 環境衛生

最後に私の事例を紹介します。一戸建てが並ぶ住宅街にポツンと小さな三角地がありました。長年、手入れもされず草も伸び放題で夏になると虫が大量に発生するため周辺住民にとっては大迷惑。

そんな中、私が三角地を不動産公売したのです。結果、隣接している駐車場の所有者が落札し、三角地は駐車場の一部となりました。

滞納額全額が回収できて、落札者の駐車場収入が増えて、地域の環境衛生を改善することができた、まさに「三方よし」の不動産公売事例といえるでしょう。周辺住民の方にも大変喜ばれました。

この他にも、捜索時に部屋の中で両足が壊死しかけている高齢の滞納者を発見し、病院へ搬送した事例（捜索×高齢者福祉）、捜索時に夫のDVが発覚した事例（捜索×DV被害解消）、老朽化し、倒壊の危険性が高い空き家を公売して地域の安全に寄与した事例（不動産公売×空家問題）などがあります。

みなさんもぜひ、滞納整理の可能性を追求してみてください。

☑ Point

滞納整理の枠を越えるために、縦割りではなく、
広い視点を持とう！

7 自分もチームも伸ばす「バトンパス」の意識

▶ 組織内でノウハウを承継しよう

　自治体は「ノウハウの承継があまり得意ではない」というのが私の実感です。これは滞納整理の現場に限りません。自戒も込めて言いますが、ノウハウは引き継がれなければ、「ない」のと同じですから、常に次世代への「バトンパス」を意識する必要があります。

　「ノウハウの承継」という点で私がベンチマークとしているのが、静岡県富士市職員の木村麗香さんです。木村さんは、市独自の徴収マニュアルを作成・更新しています。また、窓口における危機管理対応の研修（ロールプレイングを取り入れた本格的なもの）や相続研修など、滞納整理担当者だけでなく、他部署の職員も参加するような庁内研修を積極的に実施されています。

▶ アウトプットを前提としたインプットを

　私も長年、庁内研修を実施したり、研修講師として登壇する機会をいただいたりしてきましたが、その中で痛感してきたのは、「研修は、聴講者以上に講師自身が勉強する機会である」ということです。人に「5」伝えようと思ったなら、少なくとも「10」は理解しておく必要があると感じます。膨大な知識や経験から導き出される

言葉には説得力があり、逆に、浅い知識に頼った表面をなぞるような言葉は心に響きません。

ですから、「誰かに教えないといけない」という条件下においては、自然と普段以上に集中して学ぶこととなります。

みなさんはぜひ、これを活用して、「アウトプットを前提としたインプット」を心がけてください。つまり、これから学ぶあらゆることについて、「**1年後に採用又は異動によって加わる職員を対象に、庁内研修で教える**」という姿勢で向き合いましょう。

そうすることで、失敗したことをメモして残したり、よりわかりやすく説明するために専門書を繰り返し読み込むなどして、より深い理解が得られるものと思います。

▶ ノウハウを承継し続ける「仕組み」化

「アウトプット」の機会を個人の意識に任せるのではなく、組織として「仕組み化」することも、検討の余地があるでしょう。例えば「新人研修は2年目の職員が担当する」といったように、半強制的にアウトプットの機会が設定されることで、個人の意識に頼ることなく、職員の理解度を高めることが可能となります。

日常業務に加えて研修準備をする必要があるため、少し背伸びをすることになりますが、教える側として身につけた能力はきっと、異動して後任者に「バトン」を渡した後、新たなステージへと向かうみなさんを生涯にわたって支えてくれるでしょう。

☑ Point
一人一人がよりよい「バトン」を渡す意識を持てば、
チーム全体の底上げに繁がり、滞納整理は必ず前進する。

8 2つのエンジンで「ハイブリッド」に生きる

▶ 起きる出来事をすべてエネルギーに変える

「禍福はあざなえる縄のごとし」
という言葉があります。「災禍（悪いこと）と幸福（良いこと）は、ねじり合わさった縄のように表裏一体である」という意味です。

良いことと悪いことはセットになっていて、「良いこと単品でお願いします」という都合の良いオーダーは、なかなか通りません。

特に滞納整理では、悪いことの割合が多いように感じませんか？長期的な視点に立つと、滞納者が納期内納付者へ生まれ変わる様子を見ることができたり、課題を解決した滞納者から感謝されたりするなど、意外と良いこともたくさんあります。しかしながら、最初のうちは電話や窓口で滞納者から強い反発を受け、負の感情を向けられるという、嫌な部分が強調されてしまうのではないでしょうか。少なくとも、私自身はそうでした。

ただ、ここで発想の転換ですが、この「悪いこと」をもエネルギーに変換できたら、どうでしょう？　もしも災禍も幸福も全部含めて、**起きる出来事すべてをエネルギーに変えられたなら、みなさんは常に「フル充電」の状態です。**どんなことがあっても颯爽と前を向いて進んでいく。めちゃくちゃカッコイイですね！

▶ 原動力の異なる2つのエンジンを備えよう

　常時「フル充電」を現実のものとするため、ぜひ「2つのエンジン」（**図表5-2**）を備えてください。

　まずは、「**ブラックエンジン**」。怒り・不安・嫉妬など、「負の感情」が原動力です。爆発力はありますが、燃費が悪い。また、使い過ぎると周囲の空気を悪くする恐れがあります。

　一方の「**ホワイトエンジン**」は希望・貢献・感謝など、「正の感情」が原動力。燃費が良く、持続可能なクリーンなエネルギーを生み出しますが、爆発力ではブラックエンジンよりも劣ります。

　これら2つの異なる原動力を持つエンジンを使い分け、すべての出来事から生じる正負の感情をうまくエネルギーに変えていくことを、私は「**ハイブリッド**」な生き方と呼んでいます。

　私自身、滞納者から怒鳴られ、馬鹿にされて悔しい思いをエネルギーに変えて頑張ったおかげで、今があります。

　滞納整理は「ハイブリッド」な生き方を身につけるのに最適。ぜひ、この機会にチャレンジしてみてください。

【図表5-2　ブラックエンジンとホワイトエンジン】

ブラックエンジン 怒り・不安・嫉妬 爆発力はあるが 燃費が悪い	×	ホワイトエンジン 希望・貢献・感謝 クリーンエネルギー 燃費が良い

☑ Point

負の感情を抱くことに罪悪感を持たず、
前向きなエネルギーに変えてしまおう。

失敗を悔やんでいる間にも
給与は支払われている

　4章でも少し触れましたが、私は「罵詈雑言ノート」なるものを作り、滞納者から心ない言葉を浴びせられた時は、その言葉を記録するようにしていました。書き出すことで客観視して冷静に分析できます。また、「次に同じ言葉を言われた時は、こう切り返そう」といった予習にも使えます。同僚や後輩に共有したり、ある程度言葉が集まったら自分にご褒美をあげたりと、さまざまに活用できるので、心ない言葉に傷ついている方は騙されたと思って作ってみてください。

　新人時代、窓口や電話で頻繁に滞納者とトラブルを起こしていたときによく言われて、何回もノートに登場した言葉が、

　「お前ら、税金で飯食ってるくせに！」

でした。最初の頃は言われる度に嫌な気分になっていましたが、何回もノートに書き、この言葉と向き合った結果、出した結論は、「**確かに公務員の給与の原資が税金であるということは事実であり、だからこそ税金をムダにしないために精一杯徴収する必要がある**」ということ。この結論に至ってからは、不思議とこの言葉を言われなくなりました。ステージクリアといったところかもしれません。

　仕事で何か失敗をしてしまったとき、その失敗を悔やんでクヨクヨと悩んでいるその間も、税金を原資とした給料が支払われていると考えたら、納税者に申し訳ないですよね。
　滞納整理業務から離れても、この姿勢は変わりません。僕の軸を作ってくれたこの言葉に、今では感謝の気持ちすら芽生えています。

6章

ここが知りたい！
実務上の
Q&A

私が徴収する債権は、何に分類されるの？

Q1

債権の分類がわからないため、自力執行権の有無や時効について判断ができません。個別債権ごとの分類を教えて下さい。

A

主だった債権について、その名称と時効期間及び根拠法令を示しましたので、参考にしてください。

本書は市税に限らずさまざまな債権の滞納整理担当者が読むことを想定しています。すべての債権を網羅はできませんが、主だったものについて可能な限り列挙しました。特に強制徴収公債権については滞納処分ができる根拠を必ず押さえておいてください。

なお、生活保護法返還金や私債権など、**近年の法改正によって債権の分類や時効期間が変わった債権がいくつかあります**。これらは法改正前後で取扱いが異なるため、特に注意が必要です。

なお、公債権と私債権の違いについて、公債権は公法上の原因に基づく債権であり、不服申立てが可能です。一方、私債権は契約等当事者間の合意（私法上の原因）に基づき発生する債権であり、こちらは不服申立てできる旨の規定がありません。

また、債権によっては非強制徴収公債権と私債権のいずれにも分類可能なものがあります。例えば、幼稚園保育料は「施設の使用料（非強制徴収公債権）」とも、「生徒の教育代金（私債権）」とも分類できます。そのためいずれに分類するかは各自治体において検討が必要です。

【図表6-1　主な債権の分類及び時効期間等】

分類		債権名称	消滅時効		滞納処分根拠法
			年数	根拠法	
公債権	公租	地方税	5 年	地方税法18①	地方税法331他
		国民健康保険税	5 年	地方税法18①	地方税法331他
	強制徴収公課	国民健康保険料	2 年	国民健康保険法110①	国民健康保険法79条の2
		介護保険料	2 年	介護保険法200①	介護保険法144
		後期高齢者医療保険料	2 年	高齢者医療確保法160①	高齢者医療確保法113[4]
		保育料（公立保育所）	5 年	地方自治法236①	児童福祉法56⑦（代行徴収）
		保育料（民間保育園）	5 年	地方自治法236①	子ども・子育て支援法附則6⑦
		下水道使用料	5 年	地方自治法236①	地方自治法231条の3③、同法附則6Ⅲ
		下水道事業受益者負担金	5 年	都市計画法75⑦	都市計画法75⑤
		道路占有料	5 年	道路法73⑤	道路法73③
		河川占用料	5 年	地方自治法236①	河川法74
		行政代執行に要した費用	5 年	地方自治法236①	行政代執行法6
		生活保護法78条返還金[1]	5 年	地方自治法236①	生活保護法78④
		生活保護法63条返還金[2]	5 年	地方自治法236①	生活保護法77条の2②
	非強制	幼稚園保育料（施設使用料）	5 年	地方自治法236①	
		児童手当過誤払返還金	5 年	地方自治法236①	
		国民健康保険医療費返還金	5 年	地方自治法236①	
私債権		公営住宅使用料（家賃）	原則5 年[3]	改正民法166①Ⅰ	
		駐車場使用料			
		水道料金			
		給食費			
		留守家庭児童会保育料			
		市民病院医療費			
		生活つなぎ資金貸付金			
		母子寡婦貸付金			
		奨学資金貸付金			
		各種給付金不当利得			

（消滅時効欄の「根拠法」右側、公債権全体に「時効の援用不要（時効期間経過により債権が絶対的に消滅）」、私債権全体に「時効の援用が必要」の縦書き注記）

※1　法改正により平成26年7月1日以降は強制徴収公債権。それ以前は非強制公債権
※2　法改正により平成30年10月1日以降は強制徴収公債権。それ以前は非強制公債権
※3　法改正により令和2年4月1日以降は「権利を行使できることを知った日から5年」。
　　それ以前は債権によって2～10年
※4　「高齢者医療確保法」は、「高齢者の医療の確保に関する法律」を表す。
※5　表組内、条項号の略表記は、以下の例による。
　　改正民法116①Ⅰ　→　改正後の民法第116条第1項第1号

Q2 差押え等の基準を定める必要はある？

私の自治体には、差押えにあたっての金額や期間の基準がありません。
要綱で基準を定めてから差押えを行うべきでしょうか？

A この金額以上は差押えを行う、といった基準を定める必要はありません。むしろ下手に基準を作り、それに縛られるほうが問題です。

　「なぜ、私が差し押さえられたのですか？　高額とか長期滞納者とか、もっと他にいるでしょう？　基準を示してください！」

　私も滞納者から何度かこのようなことを言われたことがありますが、国税徴収法や地方税法には「高額案件から差し押さえること」といった規定はありません。地方税法には、「督促状を発した日から起算して10日を経過した日までに完納しないときは、滞納者の財産を差し押さえなければならない」と規定されているのみであり、**「差押えに基準はありません。滞納があれば差し押さえなければならないことになっています」**というのが答えです。

　同様に、**「要綱等の内部基準を整えてからでないと差押えしない」といったこともナンセンス**です。「滞納者は法の下に平等」であり、誰から差し押さえても法律には抵触しません。むしろ、要綱制定を待つ間に差押可能財産が処分され、滞納金徴収の機会を逸してしまったとしたら、そちらのほうが問題ではないでしょうか。

　ただし、この大前提を踏まえた上で、「戦略的」に徴収額が最大化するような指針を設けることには意味があると考えます。差押え

を行いながら、同時並行で効果的な指針を検討してみましょう。

　以下に基準となり得るものを参考に列挙します。

1　滞納額の多寡

　預金差押をするとして、滞納額100万円と５万円の案件を比べた場合、同じ労力をかけたときの徴収可能性に20倍の差があるため、費用対効果の観点からは前者を優先して対応していくのが合理的です。

2　時効直前

　時効が訪れるとその後は徴収できなくなりますから、時効直前の案件を優先して対応することには一定の合理性があります。

3　滞納から間もないもの

　前述したように「鮮度」が高いほうが総じて徴収可能性が高いため、もし滞納額が同額であれば、私なら時効直前の案件よりも滞納から間もないほうの徴収に力を割きます。

4　倒産事案

　法人が倒産した場合は競合する債権者が一斉に動くため、こちらの対応が遅れると、他債権者に先を越されて徴収不能となる危険性があるため、倒産事案も優先的に対応すべきでしょう。

　上記が一定の基準例ですが、実務上は財産を発見し次第、随時差し押さえていくような運用になると思います。

　最後に、個人的に「なるほど」と思った基準を共有します。前出の北海道池田町職員の佐藤さんが、師と仰ぐ堀博晴さん（36頁参照）に同じ質問をしたところ、「腹が立つ滞納者からだ！」という回答。「君は、まちのことを考えて真面目に仕事をしているんだろ？　真面目な職員が腹立つってことは、大多数の真面目な納期内納付者も同じ気持ちじゃないか？　その代弁者として、君を腹立たせた滞納者から差し押さえればいいんだよ！」。主観的かつ過激な内容ですが、私も一理あると思います。

Q3 初めて滞納処分に取り組む 場合の注意点は？

今まで差押え等の滞納処分をしてこなかったのですが、これから取り組もうと考えています。注意点があれば教えてください。

A 強力な権限を扱うには相応の責任が伴います。とにかく法令遵守を徹底しましょう。

　滞納処分実施にあたっての注意点は、とにかく「法令遵守」。より生々しく表現するならば、**訴訟になったときに負けないこと**です。法律によって与えられた強力な権限を、法を逸脱することなく正しく扱う限り、敗訴することはありません。

　したがって、まずは国税徴収法や地方税法等の関係法令の理解を深めてください。私の場合、納税課の職人気質の先輩から「まずは『国税徴収法精解（漬物石にできそうなくらい分厚い本）』（前出）を、ひと通り読んでから来い。話はそれからや！」というスパルタ教育を受けましたが、その経験が土台となり、その後に訪れた数々のピンチを救ってくれました。

　滞納処分は「滞納」というルール違反を起因とするものですから、自治体側に非常に有利に設計されています。よほどのことがない限り敗訴することはありませんが、敗訴の可能性を徹底的に排除するために押さえておくべきポイントを3つお伝えします。

1　正しい手続を行う

　滞納処分を行うためには、原則として「滞納者に対し納入通知書・

督促状が正しく送達されている」必要があります。今まで滞納処分をしてこなかった債権で特に多いのが、「督促状を送達していない」ケース。この場合、気付いた時点で速やかに送達します。地方自治法には督促時期の定めはありませんし、地方税の場合も「納期限から20日を経過した日以後に発した督促状があっても、その効力には影響がない」という判例があります（昭和30年12月27日徳島地方裁判所判決）。

　また、差押え等の不利益処分を行う際は行政手続法14条1項の規定に基づき、理由（根拠条文）を付記する必要があります。「理由付記を欠くときは、処分自体が違法」という判例もある（昭和38年5月31日最高裁判所判決）ため、注意が必要です。

　なお、捜索や差押え時に滞納者等から身分証明書の提示を求められた場合、国税徴収法147条の規定に基づき呈示する必要がありますので作成しておきましょう。

2　時効管理の徹底

　これまで積極的に滞納整理をしてこなかった債権の中には「時効管理があやしい」ものがたくさんあります。例えば時効が到来していて徴収権が消滅している滞納分について、給与や売掛金の差押えをしようものなら、滞納者から職場や取引先等の信用失墜等に伴う損害賠償を請求される可能性もあります。

3　地方税法の秘密漏えい規定に抵触しない

　地方税法の規定を準用し、調査権を行使して財産調査をするため、収集した情報を漏えいした場合、地方税22条（秘密漏えい）で罰せられる可能性があります（2年以下の懲役又は100万円以下の罰金）。

　どれだけ滞納者が怒鳴ってきても、「法令遵守」さえできていれば負けることはありません。初めての滞納処分に対する不安が大きい人ほど、たくさん法律を勉強して確かな土台を築いてください。

Q4 滞納者全員に同じ対応をしないと不公平？

ある人の給与を差し押さえて、別の人に対しては分割納付を受け入れるなど、滞納者によって対応を変えるのは不公平でしょうか？

A 不公平ではありません。滞納者によって生活状況や財産の有無等に違いがある中で、対応が変わるのは当然であり、すべて一律にするほうが不自然です。

　滞納者が100人いたとして、その全員に対し同日に預金差押するのが「公平」かというと、そうではありません。大切なのは目の前の滞納者を一日も早く納期内納付者にすることであり、滞納者間の比較にはまったく意味がありません。**納期内納付者への最短ルートは、滞納者ごとに異なって当然です。**

　例えば滞納額が50万円程度の滞納者が2人おり、いずれも給与所得者だとします。滞納発生後、滞納を放置したAさんと、速やかに来庁相談し、「半年間で分割納付し、年内には完納しますので、様子を見ていただけないでしょうか？　担保として学資保険の解約返戻金を差し押さえてもらって構いません」という申し出を行ったBさんとで、こちらの対応が異なるのは当然でしょう。

　このように滞納者に応じて個別に対応をカスタマイズしていくわけですが、まったくのゼロから対応を検討するのではなく、滞納者の属性ごとに基本的な対応方針を決めておくことをおすすめします。効率的に滞納整理を進めることができると考えます（**図表6-2**）。滞納者から相談がなければ原則として対応方針に基づき進め

ますが、相談があった場合などは、その相談内容等に沿って対応を
変えていきます。

【図表6-2　滞納者の属性に応じた基本的な対応方針の例】

滞納者の属性	基本的な対応方針
給与所得者	給与差押を軸に考える
自営業者・法人	取引先からの売掛金を軸に考える
財産不明者	捜索を軸に考える

　もう一つ留意していただきたいのが、過去に対応した滞納者と比
較して、「１年前に対応したＣさんには１年間の分割納付を認めた
から、似たような状況にある目の前のＤさんにも１年間の分割納付
を認めよう」といった対応は控えるということです。そのような対
応も「公平」とは程遠いものです。

　１年間であなたの知識や経験はアップグレードされているはずで
す。１年前のあなたは実力が足りず、やみくもに１年分の分割納付
を認めるしかなかったかもしれませんが、今のあなたなら「まずは
３か月だけ分割納付を認めて、その間に徹底的に財産調査をしよう」
といった対応ができるのではないでしょうか。

　私自身も、滞納者に対応した後で「あの時、ああしていればよかっ
た」と反省することがよくありました。次の対応ではその反省点を
活かし、同じ過ちを繰り返さないようにすればいいのです。

　ただし、担当者間において極端に対応の差が生じることは、でき
る限り避けたいところです。一方では給与差押を前提とした対応を
心がけているにも関わらず、もう一方では安易に終わりの見えない
少額分納を受け続けるなら、それこそがまさに「不公平」。なるべ
く担当者間で対応に差が出ないよう、組織として心がけましょう。

Q5 滞納者が顔見知りだったらどうすればいい？

小さい町で知りあいも多く、差押えや捜索、不動産公売といった厳しい対応を躊躇してしまいます。どう対応すればいいでしょうか？

A 滞納整理担当者としての「役割」「立場」を特に強調して対応すること。可能であれば担当を変更してもらうことも検討しましょう。

　まず、顔見知りばかりの小さな町で滞納整理に奮闘するあなたに、心からの敬意を表します。友人や隣人、子どもの同級生の保護者やいつも通うスーパーの店員さんなど、あなたの生活圏内に存在するあらゆる人たちの誰もが滞納者になる可能性があります。そうなった場合、滞納整理担当者であるあなたは複雑な感情を抱えながらも、与えられた役割を全うしなければなりません。

　まずは、4章で紹介した、**「役割」や「立場」を特に強調して、滞納者の怒りの矛先を逸らしましょう**。私も顔見知りの方が窓口に来たときには、「居酒屋で出会うのと、こうして窓口で出会うのとでは、立場上同じ対応はできないんです。どうせなら、あなたとは居酒屋で出会いたかった。残念です」といった言い方をしていました。

　そして、5章でお伝えしたように「奪う」のではなく「与える」滞納整理担当者となって課題に寄り添い、持てる限りの知識を提供して、誠心誠意、相手が一日も早く納期内納付者となるよう最大限のフォローをすると伝えましょう。私は「法律上、他の方との公平性の観点から差押え等の厳しいこともしないといけないけれど、決

して敵ではなく、すべては一日も早く完納してもらうため。一緒に
ゴールを目指す伴走者だと思ってほしい」と伝えていました。

　また、やむを得ず行う厳しい対応については、その重要性も含め
て滞納者に説明できるようにしておきましょう。自信を持って説明
するためにも、しっかりと自分自身に腹落ちさせておく必要があり
ます。例えば延滞金の徴収について、私は「法律や条例で決まって
いるから」といった無味乾燥な、いかにも役所的な回答ではなく、
次のように説明していました。

　「そもそも滞納がなければ、滞納整理業務も滞納整理担当者も不
要です。滞納者がいるために我々が存在し、人件費や経費がかかる
わけですから、滞納整理に必要な費用は滞納者に負担いただくのが
筋であると、私は考えています。延滞金はいわばその原資であり、
滞納した以上は納めていただきます。よろしくお願いします」

　ちなみに、時々、制度に不満を持つ滞納者から「納得したら払う」
と言われることがありますが、「納得しないなら払わなくていい」
という道理はありません。税金や国民健康保険料等について「納得
はしていないけれど、仕方がないから払う」という方が大半ではな
いかと思うので、そうした自分勝手な言い分を認めるわけにはいき
ません。

　なお、私は、**可能であれば、関係性の近い滞納者については他の
職員に担当を代わってもらったほうが、滞納者・滞納整理担当者お
互いにとってよいのではないか**と考えています。

　滞納者を納期内納付者に変えるためには生活状況の深いところま
で踏み込む必要があります。そこで、例えば「気まずいから」とい
う理由で踏み込みが浅くなるのであれば、まったく知らない担当者
が対応するほうが良い結果に繋がるのではないでしょうか。

　職員の性格によるところもあると思いますが、交代して済む問題
ならばストレスをかける必要がないと思います。

Q6 少額の滞納に対しても
捜索や裁判手続をするべき？

高価な動産の差押えが期待できない捜索や、少額滞納案件に対する
裁判手続などは費用対効果を考えると行わない方がいいですか？

A 1件当たりの費用対効果は低いかもしれませんが、副次
的な効果を知り、活用することで総合的な費用対効果を
飛躍的に高めることができます。

　捜索や不動産公売、裁判手続といった厳しい処分は心理的ハード
ルが高いだけでなく、知識・技術面でのハードルの高さもあり、実
施を躊躇する自治体も少なくありません。中にはこの質問のように
「捜索や裁判手続は1件当たりの費用対効果に疑問があるため、実
施については消極的」という自治体もあります。

　確かに、投入した人員や時間、精神的負担と、それらに対して得
られる直接的な効果（徴収額）を比較したときに、「1件当たりの
費用対効果が低い」と感じてしまうのも無理ありません。未知の業
務に取り組む場合は既存業務をこなすよりも時間や労力が必要とな
ることから、導入時の1件当たり費用対効果は、よほどの金額を徴
収しない限り、「非常に低い」と言わざるを得ないでしょう。

　しかしながら、捜索や裁判手続といった厳しい処分には徴収額と
いう**直接的な効果だけでなく、さまざまな副次的効果**があり、活用
次第では1件当たりの費用対効果を飛躍的に高めることができます。

　私が考える副次的効果は主に3つあります。厳しい処分の実施を
検討する際には、これらの効果も考慮に入れてください。

1　滞納者及び滞納者予備軍への納付促進・滞納予防効果

　捜索や不動産公売、裁判手続などの厳しい処分にはインパクトがあり、広報等を通じて周知することで、滞納者及び滞納者予備軍に「滞納すると、厳しい処分を受ける」という危機感を与えることができ、その結果、早期納付や滞納予防に繋がります。

　滞納整理担当職員が捜索現場で活躍する映像が流れるテレビ番組「実録！金の事件簿」の常連であった香川県丸亀市職員の松本尚喜さんいわく、「放送日の翌週は、自主納付が相次ぐ」とのことで、大きな成果を挙げているそうです。丸亀市はその一連の取組み及び成果が認められ、「総務省自治税務局長特別表彰」も受けています。

2　不納欠損時における納期内納付者への説明責任

　滞納は残っているけれど、これ以上の徴収が見込めない滞納者については最終的にやむなく欠損処理をします。この際に「徹底的に捜索した」「持ち家を公売した」「裁判所に申立てを行った」という厳しい処分を経ていれば、納期内納付者に対し一定の説明責任を果たすことができると考えます。

3　滞納整理担当者の「覚悟」が変わり、説得力がアップ

　「言葉で伝えるが、伝わるのは『覚悟』である」

　これは長年、滞納整理現場にいた者としての実感です。納付折衝時に、「このまま滞納が解消されなければ、厳しい処分に着手せざるを得ません」といったことを滞納者に伝えますが、実際に捜索したり、不動産を公売したり、裁判所の法廷に立ったりした経験がある職員とそうでない職員とでは、言葉の重みがまったく異なります。実際に自らの手で厳しい処分を行ったその経験が「覚悟」に繋がり、言葉に力が宿るのではないかと感じます。結果として、納付折衝の段階でこちらの本気度が伝わり、自主納付に至る割合が高くなります。

　この「覚悟」による納付促進はあくまで「実感」レベルですが、経験した方にはわかっていただけるのではないかと思います。

Q7 滞納者から異議申立てが。訴訟になるとどうなる？

支払督促後、滞納者から異議申立てがあり訴訟に移行したらどうなってしまうのでしょうか？　万が一、敗訴でもしたら、と不安です。

A

債権の発生に疑義がない限り、勝訴できると考えて間違いありません。約束を守らない者に対し、裁判所は厳しい立場を取ります。

「裁判所は約束を守らない者に厳しい」

これが、裁判所を活用した手続に関わった者としての実感です。考えてみるとこれは当然で、社会的なルールである法律の番人たる裁判所が、「約束を守らなくても大丈夫」などと言うはずありません。したがって債権の発生自体に疑義がない場合、つまり滞納者が納めるべきものを納めないがために申し立てた支払督促経由の訴訟について、**ほぼ間違いなく勝訴できると考えて問題ないでしょう。**

ただし、「私は事前に欠席と伝えていたのに、行き違いで学童保育料が発生した」といった、債権の発生自体に疑義がある場合はこの限りではないので注意してください。

私はこれまで数十件の支払督促申立に関わってきました。債権ごとに反応率は異なりますが、支払督促後の滞納者の反応は大きく分類すると**図表6-3**の通りです。

ほとんどが裁判所から通知が来たことに驚き、電話で連絡してきたり窓口に来庁したりしますが、無視・放置する方も一定数います。異議申立てを行うのはだいたい1割程度というのが実感です。

【図表6-3　支払督促後の滞納者の反応（筆者調べ）】

反応	割合
電話連絡・窓口来庁	6～7割
無視・放置	2～3割
異議申立て	1割程度

　なお、無視・放置された場合はもちろん、滞納者が電話連絡・窓口来庁してきた場合であっても、**滞納額を完納されない限り支払督促は取り下げません**。分割納付の申し出を受けながら、手続は粛々と進めて債務名義を取得し、「不履行になった場合は債務名義に基づいて財産を差し押さえる」旨を伝えて確実な履行を求めます。

　ちなみに、滞納者が「一括納付は困難。分割納付を希望します」と申し出た場合も「異議申立」として扱われます。その場合は「出廷しないといけない」という意識もなく、訴訟当日の欠席も少なくありませんでした。この場合、滞納者側は主張がないわけですから、こちら側が有利となります。

　異議申立てが出た場合、訴訟の出廷日をいつにするか、裁判所から打診があります。数週間先を提示されることが多いのですが、訴訟に際しては議会の議決を得るか首長専決の手続を経る必要があります。また「訴状に代わる準備書面」という請求の理由について詳細を記した書面を裁判所に提出する必要もあります。これらの準備に時間を要する場合は、出廷日までの期間を可能な限り長く取ってもらうよう調整を試みてください。

　最後になりましたが、訴訟に不安を感じるのは、滞納者も同じです。弁護士に報酬も支払えず、一人で臨む滞納者に比べれば優位な立場にいることを理解し、自信を持って訴訟に臨んでください。

Q8 不動産の所有者が死亡していたらどうする？

既に亡くなった不動産所有者に課税する「死亡者課税」のせいで不動産差押や公売ができません。どうすればいいのでしょうか？

A

死亡者課税は違法です。固定資産課税担当と連携して速やかに解消しましょう。筆者が取り組んだ「迷子不動産活用プロジェクト」を参考にしてください。

固定資産税は、各自治体が備える「固定資産課税台帳」に基づいて賦課されます。その課税台帳の情報は、法務局から届く通知により更新されますが、逆に言えば法務局から通知がない場合、原則として更新されません。法務局が通知するのは、所有権移転等で所有者が変更した場合等ですが、**所有者が死亡しても相続人等が変更登記しなければ、登記簿上の所有者は変わりません。**

結果として法務局の通知が来ないため、固定資産課税台帳も更新されません。そのまま死亡者を納税義務者として固定資産税が課税され（これが「死亡者課税」）、納税通知書が死亡者に宛てて送付されることになります。

この場合、たいてい同居家族が当該不動産にそのまま居住しており、亡き所有者名義で届いた納税通知書についてなんの疑問も持たずに納付します。こうして死亡者課税の状態は継続し、その同居家族も亡くなり、納税通知書が返戻された時にようやく不動産登記簿と実情が相違していることが判明するわけです。

システムによっては市内在住の所有者が死亡した場合、住基情報

と連動して氏名が赤字になる機能があり、納税義務者相続人を納税義務者として課税し直すことができますが、そういったシステムがなかったり、所有者が市外在住者だったりした場合は、気付かないうちに死亡者課税となっている場合もあります。

死亡者課税は違法ですから、判明したものから速やかに固定資産課税担当と連携して相続人等の生存者に賦課替えをしましょう。

賦課替えの手続としては、戸籍謄本等を取得して亡き所有者の相続関係図を作成し、相続人に宛てて納税通知書を送付することとなります（必要に応じて相続放棄の有無を確認することも）。

長期間売買のない畑や山林等は所有者が亡くなっても変更登記されないことが多く、極端な例では所有者が江戸時代の人物である場合もあります。このようなケースでは相続人が死亡し、相続が複数重なるなどして、実質的な相続人（＝不動産共同所有者）が100人を超える例もあります。「実際、誰が所有者なのか？」が不明確であり、いざ売買しようと思っても所有権の権利移転登記ができません。もちろん差押えも公売もできない状態です。

このように**所有者が不明確な状態の土地は「所有者不明土地」と呼ばれ、2040年には日本全体で北海道と同規模程度の面積に達すると予測され、大きな問題となっています。**

私が立ち上げた「迷子不動産活用プロジェクトチーム」では、この問題について固定資産税滞納整理の観点から解決を試みようと研究しました。報告書全文は、東京財団政策研究所の特設サイト上の記事『所有者不明土地問題の現場から——迷子不動産活用プロジェクトの試み（https://www.tkfd.or.jp/research/detail.php?id=185）』からダウンロードできるようになっており、死亡者課税解消のための賦課替えの詳細な手続についても解説しています。

また、『人口減少時代の土地問題』（吉原祥子著／中公新書）もこの問題を詳しく知るために有益な書籍です。

Q9 保育所保育料の法律上の位置付けは？

保育所保育料は公立と私立とで滞納処分の根拠が違ったり、「保護者」が納付義務者だったりと複雑です。どう考えればよいでしょうか？

A 公立は児童福祉法、私立は子ども・子育て支援法に基づき滞納処分します。「保護者」は父母が連帯納付するものと解します。

　現在の保育所保育料の徴収規定は平成27年4月からスタートした「子ども・子育て支援新制度」に伴い制定されたものですが、法律の設計として「保育」の部分が最優先されており、徴収を含めた「費用」の部分が複雑で、滞納整理担当者に優しくありません。

　以下ではなるべくわかりやすいようにかみ砕いて解説します。

1　公立の保育施設の保育料に係る徴収根拠

　直接的な根拠は**児童福祉法56条7項**。要約すると「保育所又は幼保連携型認定こども園の設置者が、保育を受けた乳児又は幼児の保護者から支払いを受けることに努めたにもかかわらず、なおも当該保護者が支払わない場合、市町村は、当該設置者の請求に基づき、地方税の滞納処分の例によりこれを処分することができる。」となります。これを「代行徴収」といいます。公立保育所の場合は、施設の設置者が市町村長であることから、市町村長から市町村長に「代行徴収」を請求するという奇妙な構図になります。

2　私立の保育施設の保育料に係る徴収根拠

　子ども・子育て支援法附則6条に定めがあり、同条7項にて指定の期限内に納付しない者があるときは滞納処分ができる旨が規定されています。なお、その前提として、市町村長が私立の特定教育・保育施設に保育に要する費用を委託費として支払った上で（同条1項）、当該保育費用の一部を、家計に与える影響を考慮して保護者又は扶養義務者から徴収するよう定められています（同4項）。

3　「保護者」は原則として父母の連帯納付と解する

　滞納処分の対象者が「保護者」という曖昧な表現では混乱してしまい、スムーズな滞納整理ができません。この件については明確な判例がなく、さまざまな見解がありますが、私が現時点で「最適解」と考える指針を紹介しますので、参考にしてください。

---

① 　保護者（父母）を納付義務者とし、互いに連帯納付義務を負うものとして取り扱う。
② 　納入通知書や督促状などの名宛人は、できれば夫婦連名が望ましいため、システム改修時に可能であれば変更する。
③ 　父母どちらか片方のみを名宛人として納入通知、督促している場合、残りもう一方の者の財産について滞納処分する際は再度その者を名宛人として納入通知、督促をし直す。

　なお、「父母間に連帯納付義務はなく、父母各々の所得割合に応じた負担額を限度とした分割債務である」という見解もあります。

　しかし、保育料は世帯の合計所得に応じて負担額が決定されるものであり、賦課計算の段階で「世帯」を単位としているのに、徴収の段階になって「父母別々の分割債務になる」というのは矛盾しています。もしも個別の分割債務なら、それこそ父母それぞれを名宛人として、別々の金額を通知する必要があるでしょう。

Q10 給食費徴収の裁判手続で 訴訟の当事者になるのは誰?

給食費について、裁判所を活用した手続を進めたいと考えています。
支払督促や訴訟の当事者は市町村長でしょうか? 校長でしょうか?

A 公会計の場合は市町村長が、私会計の場合は校長が支払
督促や訴訟の当事者になるものと考えます。

　学校給食費については学校給食法11条2項に「学校給食を受ける
児童又は生徒の学校教育法16条に規定する保護者の負担とする。」
と定めがあるものの、その会計制度や徴収方法、債権者については
定めがなく、旧文部省の通知や回答を頼りに試行錯誤の運用がなさ
れてきた経緯があります。回答の中には「学校給食費を地方公共団
体の収入として取り扱う必要はない」(昭和33年文部省管理局長回
答)という内容もあったことから、公会計ではなく学校ごとの私会
計として運用しているケースが多いのが現状です。

　では、各会計制度における裁判手続の当事者は誰でしょうか。

1　公会計の場合

　学校給食費を公会計上の「歳入」として位置付けている場合、そ
の債権者は市町村長であることから、滞納があった場合は**市町村長
が支払督促を申し立て、訴訟の当事者になります**。また、支払督促
の際に必要な手数料(収入印紙)や切手を用意する際には公金を原
資として支出することになります。

近年、教員・学校事務職員の負担軽減や学校給食費の徴収業務の効率化を図るために、公会計化に踏み切る自治体も増えています。

2　私会計の場合

　学校ごとに給食費を集め、そのお金で食材を購入する私会計の場合、「校長が、学校給食費を取り集め、これを管理することは、さしつかえない」（昭和32年文部省管理局長回答）と示されています。

　したがって、給食費の滞納者に対して裁判手続が必要な場合、給食費を管理する責任者としての立場から、校長が支払督促や訴訟の当事者になるのが自然です。

　しかしながら、校長が保護者を訴えることは非常にハードルが高いものと思われます。そのため**学校給食費の滞納整理において裁判所を活用した手続を進めたい場合、まずは公会計化を目指す**べきであると考えます。学校給食費の公会計化にあたっては、文部科学省が令和元年7月に作成した「学校給食費徴収・管理に関するガイドライン」を参考にしてください。

　余談になりますが、学校給食費をはじめ学校教育に伴って必要な費用については保護者の申し出に基づき、児童手当を充当できます。まだ活用できていない自治体は、ぜひ活用を検討してください。

【図表6-4　児童手当充当可能費用（児童手当法施行規則12条の10第2項）**】**

学校給食費	1号
幼稚園等保育料	2号
小中学校等の学用品の購入に要する費用	3号
放課後児童健全育成事業の利用に要する費用	4号
その他義務教育諸学校又は幼稚園等の学校教育に伴って必要な費用	5号

※　この他にも保育所保育料や一時預かり事業の利用料など、児童・生徒に係るさまざまな費用に児童手当を充当することができます。

Q11 水道料金の滞納者には給水停止すべき？

いくら滞納があるからといっても生活インフラである水道用水の供給を止めることに抵抗があります。やはり給水停止すべきでしょうか？

A 水道法にも料金を支払わないときは給水を停止することができるとあります。納期内納付者との公平性を保つためにも給水停止を行うべきです。

水道法15条3項に「**水道事業者は、当該水道により給水を受ける者が料金を支払わないとき、その者に対する給水を停止することができる。**」との規定があります。

市民の生活を守るべき自治体職員として、生活インフラを止めてしまうことへの葛藤があるとは思いますが、納期内納付者との公平性を保つためにも心を鬼にして、「役割を果たす」姿勢で給水を停止しましょう。

また、水道料金に関しては押さえておきたい判例（平成15年10月10日最高裁判所決定）があります。この最高裁の決定内容は、「水道料金は民法173条1号に規定される『生産者、卸売商人及び小売商人が売却したる産物及び商品』に含まれ、単なる私法上の契約と位置付けられる」というもの。この判決をもって水道料金を非強制徴収公債権ではなく私債権として扱うこととなりました。

この判決からもわかるように、水道事業者が提供する水は水道料金を対価として提供される商品・サービスです。お金を払わずに飲食することを「食い逃げ」と言いますが、水道料金を払わずに水を

使用するのはいうなれば「飲み逃げ」「使い逃げ」であり、到底認めるわけにはいきません。

　水道料金に限らず、非強制徴収公債権や私債権の原因となる業務は自治体側に強力な義務を求めるものではありません（だからこそ、強力な権限が付与されません）。したがって、料金を対価としたサービスがある場合は、そのサービスを停止すべきであるというのが私の持論です（例：留守家庭児童会保育料であれば利用停止、市営住宅家賃なら強制退去）。

　もちろん、サービスの停止に至るまでには一定の手順を踏み、滞納者から事情聴取する機会を設けるべきですが、そうした機会を提供してもなお相談がない場合は、サービスの停止もやむを得ないものと考えます。

　なお、法人や個人事業主の方が「水を止められると商売ができなくなって水道料金も払えない」と主張することがあります。これは結局は「タダで水道を使わせろ」ということであり、許せば、特定の事業者に対して公金を使って水道料金相当の経営補助をしていることになります。商売であればなおさら、給水を停止すべきであると考えます。

　ただし、給水停止対象者が相談に訪れた場合は、できる限り生活状況を入念に聞き取り、必要ならば福祉の窓口に繋ぐことも検討してください。最低限の生活インフラを支える水道料金も支払えないぐらい困窮しているわけですから、何か問題を抱えていることが予想されます。

　このように「給水停止」は、ただの嫌がらせではなく、滞納者と接触する機会を生み出し、滞納者が抱える問題の解決のきっかけとなるものでもあります。最終的には、全員に納期内に納めてもらい「給水を停止する必要がなかった」という状態を目指しましょう。

Q12 下水道使用料って 本当に滞納処分できるの？

私債権である水道料金とセットで下水道使用料を賦課・徴収しているのですが、それでも滞納処分できるんですか？

A 下水道使用料は強制徴収公債権に分類され、地方税の滞納処分の例により滞納者の財産を差し押さえることができますが、いくつか留意点があります。

　地方自治法附則６条に「他の法律で定めるもののほか、231条の３第３項に規定する法律で定める使用料その他の普通地方公共団体の歳入は、次に掲げる普通地方公共団体の歳入とする。」として同３号中に下水道使用料が挙げられています。そしてこの地方自治法231条の３第３項中に「地方税の滞納処分の例により処分することができる。」という規定があります。

　したがって、**水道料と下水道使用料をセットで徴収するなら、下水道使用料を軸に滞納整理を組み立てるべき**というのが私の持論です。

　ただし、実際に下水道使用料で差押え等の滞納処分を行うにあたっては、押さえていただきたい留意点がいくつかあります。

1 「検針のお知らせ」を納入通知書と位置付ける

　水道メーターの検針時に投函する「検針のお知らせ」を、「納入通知書」と位置付けます。なお、地方自治法施行令154条３項に「所属年度、歳入科目、納入すべき金額、納期限、納入場所及び納入の請求の事由を記載した納入通知書でこれをしなければならない。」

とあり、これらの項目を記載する必要があります。

2　督促状の送付

　Q3でも触れましたが、今まで滞納処分をしてこなかった債権について、督促状が送達されていないケースが多いです。督促状は滞納処分の前提条件であるため、必ず送付してください。

3　教示文の記載

　公債権の特徴として「不服申立ての機会」を与える必要があり、下水道使用料も賦課額等に不服がある場合は不服申立てができます。したがって、納入通知書や督促状に不服申立てできる旨の「教示文」を記載してください。

　なお、「今まで記載していなかった」場合もご安心ください。「教示文がないからといって処分自体が違法になるわけではない」という判例があります(昭和54年8月21日東京地方裁判所判決)。ただし、余計な隙をつくらないように教示文を記載しておきましょう。

4　水道料金との関係

　強制徴収公債権である下水道使用料の徴収に係る権限を活用して得た情報を私債権である水道料金の徴収には使えません。同じ上下水道事業管理者であっても、異なる性質の債権を扱う場合は、「別人格」として使い分ける必要があります。例えば、下水道使用料徴収のために行った財産調査の結果、得られた口座預金の情報を活用して、水道料金で裁判所を通じて強制執行するといったことは、個人情報の保護に関する法律に抵触します。

　では、どうするか？　強力な権限を持つ下水道使用料の力を借り、「このままだと差押えになりますよ」と伝えて、不利益回避モチベーションを刺激し、水道料金と併せてお支払いいただきましょう。名付けて「虎の威を借る狐」戦法。強制徴収公債権である下水道使用料は財産調査の権限がありますから、水道料金の滞納を把握していてもおかしくありません。権限をフル活用しましょう。

Q13 公営住宅使用料の債権放棄をする場合の注意点は？

徴収見込みがない公営住宅使用料について債権放棄したいのですが、他の居住者の納付意欲に悪影響を及ぼさないでしょうか？

A 居住者の間でコミュニティが形成されていることを想定し、慎重に対応するとともに、逆にそのコミュニティを活用することも検討しましょう。

　まず、公営住宅について押さえておきたい判例（昭和59年12月13日最高裁判所判決）があります。この判決は「公営住宅の使用関係については借家法が一般法として適用される」という内容であり、この判例からも公営住宅の使用が私法契約に基づくものであり、「私債権」として取り扱うことが適切であると解されます。

　4章でも説明した通り、私債権の場合は単に時効が到来しただけでは徴収権が消滅しないため、「これ以上は徴収見込みがない」と判断した場合は、「債権放棄」という手続を経た後に欠損処理を行うことになります。

　公営住宅の場合、そこで一つのコミュニティが形成されていることも多く、住民同士でさまざまなことが情報共有されます。その中で一人の滞納者が「滞納分については支払わなくてよくなった」と吹聴すれば、当然、周囲の納付意欲は低下するでしょう。「じゃあ、私も支払わなければよかった。ずるい！」という人も出てくるかもしれません。

　このような周囲に悪影響を及ぼす可能性の高い滞納者の滞納分に

ついて債権放棄や欠損処理を行うにあたっては、特に厳しい処分を行う必要があるでしょう。いうならば一種の「禊」のようなもので、滞納者自身にも、その周囲にも「あれだけ厳しい対応をされたなら、もう許されてもいい」と思わせるような対応が理想であると考えています。

したがって、公営住宅使用料について過去滞納分を債権放棄して欠損処理をするのであれば、可能な限り裁判所を通じた債権・動産差押えを経た上で行いたいところです。また、長期に渡って滞納を放置し続ける滞納者に対しては、滞納金の請求と併せて強制退去のための訴訟を提起するなど、滞納を許さない姿勢を示しましょう。

せっかくなら「裁判所まで呼び出された」「裁判所の執行官が家に来て家の中をくまなく調べられた」「滞納を放置していたら強制的に退去させられた」といった厳しい処分の経験談を滞納者に語ってもらいましょう。周囲の他の滞納者が「そんなことになるぐらいなら支払おう」と感じて、納期内納付したくなるような情報発信源になっていただきたいと思います。

「公営住宅での厳しい処分」で思い出すのは、私が「北海道の姉」と慕う元釧路市職員の高杉好恵さん、元浦幌町職員の菅原伊奈子さんの二人が取り組んだ「公営住宅一斉タイヤロック」。タイヤロック装置を複数用意して、早朝の公営住宅駐車場で市税滞納者の車を次々にタイヤロックしていくというインパクトある取組みです。当日、一括納付が続出したのはもちろんのこと、その様子を見聞きした他の住民の納付意識も高まるという副次効果が生まれました。

滞納者同士のコミュニティに対し、こちらも負けじと庁内外を問わず、職員同士のコミュニティを形成して、有益な情報交換をしながら滞納整理を進めましょう。

Q14 生活保護関連債権も差押えや捜索をすべき？

複数の生活保護関連債権が法改正によって強制徴収できるようになりました。徴収見込みが薄くても差押えや捜索を行うべきですか？

A 徴収見込みが薄いからこそ、欠損処理を迫られたときの判断材料として手を尽くすべきです。捜索することで想定外の成果が得られることもあります。

　生活保護関連債権は強制徴収公債権から私債権まで幅広くあり、この数年で法改正により強制徴収公債権として扱われ、自力執行権が付与された債権が2つもあります（**図表6-5**）。

　特に生活保護法第78条徴収金はいわゆる「不正受給」と呼ばれるものです。例えば、働いて給与を得ているにも関わらず、それを申告していなかったことが判明したとき、その給与相当分の生活保護費について返還を求められます。多くの場合、不正が発覚した時点では稼いだ給料のほとんどが既に生活費として消費されていて、発生とともに徴収困難であることが確定するような徴収見込みの薄い債権であり、職員は頭を抱えることになります。

　しかしながら、徴収見込みが薄いからこそ、財産調査や差押え、捜索といった滞納処分を尽くしましょう。**「これ以上は徴収する見込みがない」という判断材料を集めておき、将来、欠損処理をすべき段階で説明責任を果たせるよう準備を進めておく必要があります。**働いている期間によっては100万円を超える金額が一気に滞納額として発生する場合もあり、こうした高額の滞納債権について「何

もしませんでした」というのでは組織の信頼を損ねてしまいます。

【図表6-5　主な生活保護関連債権】

債権の分類	債権の名称
強制徴収公債権	生活保護法第78条徴収金(H.26.7.1～) 生活保護法第63条返還金のうち同77条の2の規定によるもの(H.30.10.1～)
非強制徴収公債権	生活保護法第78条徴収金(～H.26.6.30) 生活保護法第63条返還金(～H.30.9.30) 生活保護費過誤払金
私債権	生活つなぎ資金貸付金

　加えて、生活保護費の財源には国の負担金が使われているため、滞納債権に対して不適切な対応をしていると、国の会計検査等で指摘を受ける恐れもあります。あらゆる方面への説明責任を果たすため、できる限り手を尽くしましょう。

　なお、最初から「徴収見込みが薄いのでは」と思い込み過ぎると、徴収の機会を逸する可能性もあります。

　これは私の事例ではありませんが、生活保護法第78条徴収金の滞納を理由として現在も生活保護受給中の滞納者宅を捜索したところ、枕元に100万円の札束を発見したというケースがありました。他にも、財産調査をしてみると株式を大量に保有していることがわかり、差し押さえて売却した事例もあります。いずれも先入観に捉われず、やるべきことをやることで想定外の成果が得られた好事例です。

　とはいえ、生活保護関連債権の多くは債権発生後、徴収しにくいものが多いため、他の債権以上に発生させないための「予防」の観点が重要になってきます。4章でも紹介しましたが、市広報で「不正受給は許しません！」と捜索の様子を掲載するなど、あらゆる観点からのアプローチを試みてください。

COLUMN 6 大ピンチも10年後には笑い話

　みなさんが滞納整理業務に取り組む中で、何度となく「大ピンチ!」と感じる場面があると思います。

　私の場合も、特に差押えや捜索といった厳しい処分を行う真剣勝負の場において、想定外のことが起こったり、思いもよらないミスをしたりすることがあり、その度に頭を抱えていました。24時間、寝ても覚めても頭から離れないぐらいに悩むこともありました。

　こういうときは信じられないくらい視野が狭くなっていて、「これで失敗したら、自分は終わりだ」と、自分を追いつめてしまいがち。このように余裕がない状態ではパフォーマンスが落ちてしまうので別のミスに繋がりやすく、いいことは一つもありません。

　「どうも視野が狭くなっている」と気付いたら、時間軸を伸ばしてみることをおすすめします。10年後の自分になったつもりで、今、悩んでいる目の前の問題を改めて見直してみましょう。できれば、過去10年間に起きたピンチを乗り越えた経験を思い出しながら。

　「今思えば、なんであんなことで悩んでいたのかな」
　「あの時のお前の悲壮な顔、思い出しただけで笑えるよ」
　「ピンチと思っていたけれど、結果として成長に繋がったよな」

　いかがでしょう?　10年前の大ピンチの記憶を酒の肴に、仲間と談笑している様子が想像できましたか?

　今の大ピンチも、きっと10年後には笑い話。あまり思い悩まずに精一杯、今、できることに取り組みましょう。

滞納整理担当者にオススメのブックガイド

【強制徴収債権】

　吉国二郎、荒井勇、志場喜徳郎編『国税徴収法精解（令和３年改訂）』（大蔵財務協会）

　小林徹編著『国税徴収法基本通達逐条解説（平成30年版)』(大蔵財務協会)

　大蔵財務協会編『換価事務提要』（大蔵財務協会）

　地方税務研究会編『地方税法総則逐条解説』（地方財務協会）

　東京税務協会編『公売事務の手引（第４版）』（東京税務協会）

　日高全海『地方税の徴収実務事例集（第１次改訂版)』（学陽書房）

　堀博晴、佐藤章夫『インターネットが変えた！　自治体増収大作戦』（ぎょうせい）

　藤井朗『地方税の徴収担当になったら読む本』（学陽書房）

【非強制徴収債権】

　瀧康暢編著『自治体債権回収のための裁判手続マニュアル 改正民法対応版』（ぎょうせい）

【強制徴収債権・非強制徴収債権　共通】

　松川正毅、窪田充見編『新基本法コンメンタール 相続』（日本評論社）

　鎌田薫、潮見佳男、渡辺達徳編『新基本法コンメンタール 債権２』（日本評論社）

　鎌田薫、松岡久和、松尾弘編『新基本法コンメンタール 物権』（日本評論社）

　山本和彦、小林昭彦、浜秀樹、白石哲編『新基本法コンメンタール 民事執行法』（日本評論社）

【人生と仕事】

　西村貴好『ほめる生き方』（マガジンハウス）

　スティーブン・R・コヴィー、フランクリン・コヴィー・ジャパン訳『完訳７つの習慣』（キングベアー出版）

　斎藤一人『ツイてる！』（角川書店）

　サミュエル・スマイルズ、竹内均訳『自助論』（三笠書房）

　西野亮廣『革命のファンファーレ』（幻冬舎）

　中田敦彦『天才の証明』（日経BP）

　土井英司『「人生の勝率」の高め方』（KADOKAWA）

加藤年紀『なぜ、彼らは「お役所仕事」を変えられたのか？』（学陽書房）

ジェームズ・クリアー『ジェームズ・クリアー式 複利で伸びる1つの習慣』（パンローリング）

【心と身体】

Testosterone、久保孝史『超筋トレが最強のソリューションである』（文響社）

藤平信一『心を静める』（幻冬舎）

堀江昭佳『血流がすべて解決する』（サンマーク出版）

西野精治『スタンフォード式 最高の睡眠』（サンマーク出版）

安保徹『人が病気になるたった2つの原因』（講談社）

ひすいこたろう、大嶋啓介『前祝いの法則』（フォレスト出版）

【滞納者対応】

浅野裕一『孫子』（講談社）

デール・カーネギー『人を動かす 新装版』（創元社）

援川聡『クレーム対応「完全撃退」マニュアル』（ダイヤモンド社）

榎本まみ『督促OL修行日記』（文藝春秋）

ヘンリック・フェキセウス、樋口武志訳『影響力の心理』（大和書房）

ロバート・B・チャルディーニ、社会行動力研究会訳『影響力の武器（第3版）』（誠信書房）

和田裕美『成約率98％の秘訣』（かんき出版）

江上治『1000円ゲーム――5分で人生が変わる「伝説の営業法」』（経済界）

牧野浩樹『コミュ障だった僕を激変させた 公務員の「伝え方」の技術』（学陽書房）

【辛い時の支え】

デール・カーネギー、香山晶訳『道は開ける 新装版』（創元社）

松下幸之助『道をひらく』（PHP研究所）

森岡毅『苦しかった時の話をしようか』（ダイヤモンド社）

山口絵里子『裸でも生きる』（講談社）

植松努『NASAより宇宙に近い町工場』（ディスカヴァー・トゥエンティワン）

中島輝『何があっても「大丈夫。」と思えるようになる自己肯定感の教科書』（SBクリエイティブ）

ヴィクトール・E・フランクル、池田香代子訳『夜と霧 新版』（みすず書房）

Mr.Children『Your Song』（文藝春秋）

おわりに

　私が全国で行う研修の最後に、必ずお伝えすることを紹介します。それは、「１％の努力の差」。もしもみなさんが、これからあることについて、毎日たった１％だけ努力を重ねるとしたら？　逆に何もせず、１％ずつ後退するとしたら？　その状態を１年間続けた場合、どんな結果になるかを端的に示す数式があります。それが、こちら。

$$1.01^{365} = 37.8$$
$$0.99^{365} = 0.03$$

　いかがでしょう？　もともとは同じ１からのスタートだったのに１年後には1000倍以上の差がついてしまいました。これは20世紀最大の物理学者と呼ばれたアインシュタインが「人類最大の発明」であると認めた"複利"効果によるものです。一般的に複利効果は資産運用の際に語られることが多いのですが、「人生も複利で生きる」ことを意識すれば、日々の積み重ねがどれくらいの力を持っているかを、改めて実感できると思います。

　……さて、ここからが本題です。あなたが本書から学んだことの中から一つだけ、「これだ！」というものを選んで、今日から実践してみてください。かける力は、そう、たったの１％で構いません。
　実践すると決めたことを、本書の余白や手帳に書いてみましょう。「サンドイッチ話法を試す」「専門書を１ページずつ読む」「心の回復薬を用意する」「罵詈雑言ノートを用意する」……等々、本当に簡単なことからで構いません。実践しようとすることを紙に書いて可視化することで実現・継続の可能性が高まります。書いた内容を毎日見返すと、なお良いと言われています。

さらにもう一つ、実現・継続の可能性を高める方法があります。それは、「宣言」。同僚や家族などに「今日からこれを実践する！」と宣言してしまうことで、「言っちゃったからには、やらないとなぁ」という気持ちが生じて、サボりがちな背中を押してくれます。

　ただし、「完璧」を求めないこと。できない日があっても大丈夫。私も、完璧にはできていません。本書では「ほめる」ことの重要性を説きましたが、できなかったことを「責める」のではなく、挑戦する姿勢を「ほめる」。これが大事です。「三日坊主でも122回繰り返せば1年分」くらいの気持ちで、無理なく続けてください。

　改めて、本書を通じて私と出会ってくださった読者のみなさん、最後まで読んでいただき、ありがとうございました。複利効果で成長したみなさんとどこかでお会いできることを楽しみに、私自身1％の努力を積み重ねて参ります。お互い、頑張りましょうね！

　最後に、本書は、たくさんの方々の支えによって生まれました。まずは、学陽書房の久保聡子さんと新留美哉子さん。お二人のサポートのおかげで、本書を世に出すことができました。寝屋川市でともに汗をかいた同僚、指導してくれた上司・先輩、全国の同志、仲間、師匠。私がここまでやってこられたのはみなさんのおかげです。そして、一番大切な、かけがえのない家族。いつも本当にありがとう。私を支えてくれたすべての出会いに、心から感謝します。

2021年4月

岡元譲史

※　本書の印税は全額、寝屋川市の発展のために使わせていただきます。
　　使途は「ほめ達！公務員Facebookグループ」（105頁）等で紹介予定。

●著者紹介

岡元 讓史（おかもと・じょうじ）

大阪府寝屋川市経営企画部企画三課広報編集長

1983年生まれ。2006年に同市入庁後、12年間にわたり、様々な債権の滞納整理に従事し、市税滞納額70％（約25億円）削減に貢献。2022年度より現職。「滞納整理に価値を見出して伝えることで、受講者の不安や葛藤を取り除く」という独自スタイルによる研修を全国で実施し、6年間で延べ3,700人が参加。受講者が給食費の滞納ゼロを達成するなど、すぐに使えて再現性の高いノウハウを伝えている。執筆に、「滞納整理のための空地・空家対策」（『税』2018年3月号）など。「地方公務員が本当にすごい！と思う地方公務員アワード2018」受賞。プライベートでは2男児の父。PTA会長を務めるなど地域の活動も行う。

現場のプロがやさしく書いた
自治体の滞納整理術

2021年5月25日　初版発行
2024年3月4日　5刷発行

著　者　　岡元 讓史

発行者　　佐久間重嘉

発行所　　学 陽 書 房

〒102-0072　東京都千代田区飯田橋1-9-3
営業部／電話　03-3261-1111　FAX　03-5211-3300
編集部／電話　03-3261-1112
http://www.gakuyo.co.jp/

ブックデザイン／スタジオダンク　DTP製作・印刷／精文堂印刷
製本／東京美術紙工

地方税の徴収担当に
なったら読む本

藤井　朗［著］　定価 2,750 円（10％税込）

滞納整理のノウハウが1冊でつかめる！
はじめて地方税の徴収担当になった職員に向けて、実務の考え方・進め方をわかりやすく解説。地方税のしくみ・仕事の流れから、大量の事案をさばくためのマネジメント術、納税交渉・財産調査・差し押さえのポイントまでを網羅。徴収職員必携の1冊。

公務員が定時で仕事を
終わらせる 55 のコツ

同前　嘉浩・林　博司［著］
定価 2,200 円（10％税込）

業務量が増える一方の自治体職場、だけどこれ以上もう時短は無理と諦めていませんか？　現場で時短＋成果を叶えた著者2人が贈る今すぐできる「自治体仕事の時短術」を紹介！　業務の削り方から現場 DX までわかる！

疑問をほどいて失敗をなくす
公務員の仕事の授業

塩浜　克也・米津　孝成［著］
定価 1,870 円（10％税込）

役所仕事の「迷子」に贈る、公務員必修基礎知識！
法律・予算・議会・組織……etc. の「いまいちよくわからない」を解消！　新人・若手が出会いがちな役所仕事の「そもそも」の疑問を丁寧に解説。